동아시아 출판문화사 연구 I

17세기 한·중·일 출판문화 비교

국립중앙도서관 출판시도서목록(CIP)

동아시아 출판문화사 연구 I: 17세기 한·중·일 출판문화 비교 /
부길만·황지영 지음. -- 서울 : 오름, 2009

참고문헌과 색인수록
ISBN 978-89-7778-331-7 93300 : ₩17000

출판 문화[出版文化]
동아시아[東--]

012.9091-KDC4
070.5-DDC21   CIP2009004227

조선후기 허준(許浚)의
『동의보감(東醫寶鑑)』

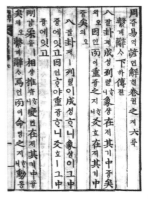

『시경언해』　　　　　　『중용언해』　　　　　　『주역언해』

명말 호정언(胡正言)의 컬러화보
『십죽재화보(十竹齋畵譜)』. 색깔
별로 작은 목판을 따로 제작

_출처: 『中國版本文化叢書·明本』

명 중기 내부(內府)에서 출판한 채
회본(彩繪本) 『증화천가시주(增和
千家詩注)』

_출처: 『中國版本文化叢書·明本』

청초 초병정(焦秉貞)의 「경직도(耕
織圖)」. 내부동판인본(內府銅版印本)

_출처: 『中國版刻圖錄』

명말 호정언(胡正言)의 컬러
화보『십죽재화보(十竹齋畵譜)』

_출처:『中國版本文化叢書·
明本』

명말 서광계(徐光啓)가 번역·출판한
『기하원본(幾何原本)』. 피타고라스의
정리를 설명하는 부분

_출처:『명나라시대 중국인의 일상』

일본의 17세기 후반 에도막부에 의해 조성된 공자 사당인 유지마 성당(湯島聖堂)의 모습을 그린 『성당회도(聖堂繪圖)』

_출처: 『大江戸見聞錄』

에도의 번영을 보여주는 『강호도병풍(江戸圖屛風)』의 니혼바시(日本橋)의 모습

_출처: 『江戸東京年表』

17세기 후반에 출판된 절본(折本) 형식의 『이세력(伊勢曆)』. 에도시대에 가장 널리 보급된 달력

_출처: 『江戸珍貴本の世界』

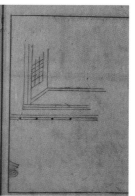

17세기 후반 에도의 서상 희
병위(喜兵衛)와 우칠랑(又七
郎)이 공동 출판한 『여약호
색 삼부서(女若好色三部の書)』

_출처: 『江戸珍貴本の世界』

17세기 후반 12세 신동소녀
우치다 도센(內田桃仙)이 지
은 한시집(漢詩集) 『도선시
고(桃仙詩稿)』. 에도의 서점
부월당(富月堂) 출판

_출처: 『江戸珍貴本の世界』

17세기 중반 에도의 서상이
번각(飜刻)한 명나라의 시론
서(詩論書) 『영천시식(永川
詩式)』

_출처: 『江戸珍貴本の世界』

동아시아 출판문화사 연구 I

17세기 한·중·일 출판문화 비교

부길만·황지영 지음

책머리에

　이 책은 17세기 동아시아 출판문화를 역사적으로 고찰한 것이다. 여기에서 동아시아란 한·중·일 3국을 의미한다. 따라서 이 책은 개별 국가 차원의 역사 서술을 넘어서 동아시아 전체의 출판문화를 조망하고 있다.

　이러한 동아시아 차원의 역사 연구를 통하여 세계출판문화사를 살피고, 여기에서 다시 개별 국가의 출판문화를 바라볼 때, 우리들의 역사 인식은 심화·확대될 것이다.

　이 책은 이러한 인식을 바탕으로 쓰여졌고, 전체가 6장으로 구성되어 있다. 제1장은 서론으로서 17세기의 동아시아 출판문화 연구의 의의를 밝힌다. 아울러 그 전제로 동아시아에서 17세기가 차지하는 역사적 의의와 위상을 살핀다.

　제2장은 17세기 한국의 출판문화로서, 임진왜란, 병자호란 등 전쟁의 후유증 및 기근과 전염병의 만연이라는 위기 상황을 극복하는 과정에서 드러나는 출판의 역할을 밝힌다. 아울러 정치적 혼란과 주자주의(朱子主義)의 경직된 이데올로기 속에서도 저술과 출판을 통하여 뚫고 나오는 새로운 시

대의 비전을 살펴본다.

제3장은 17세기 중국의 출판문화로서, 명·청(明·淸) 교체기라는 정치적 혼란 속에서도 오히려 상업이 흥성함으로써 인쇄기술의 발달과 대량출판의 시대를 맞이하는 현상을 고찰한다. 이때 이루어진 중국 서적의 해외 확산은 한국과 일본의 출판 발전에 큰 영향을 끼친다.

제4장은 17세기 일본의 출판문화로서, 에도막부시대 평화와 번영 속에서 서민문화가 발달하는 가운데 인쇄출판업이 융성하고 독서인구가 확대됨으로써 오늘날 출판선진국의 기반이 형성되는 과정을 살핀다. 이러한 발전에는 침략전쟁을 통하여 조선의 활자와 서적을 강제로 침탈·확보하고, 공인된 무역을 통하여 서적을 대량으로 수입할 수 있었던 것이 결정적 계기가 되었다.

제5장은 한·중·일 출판문화의 비교로서 3국 출판문화의 공통점과 차이점을 살피면서 17세기 출판문화의 당대적 의의와 다음 세기와의 관련성을 전망한다.

제6장은 결론으로서, 17세기 동아시아 출판문화 연구가 주는 메시지를 전한다. 중요한 것은 17세기 동아시아에서도 출판은 역사 발전의 원동력이었다는 사실이다. 아울러 이 연구는 미래 동아시아 문화공동체의 형성에서

도 출판이 기본 토대가 될 것임을 일깨워준다.

　이 책은 출판에 관심이 많은 역사학 전공자와 역사에 관심이 많은 출판학 전공자가 힘을 합쳐 이루어낸 공동저작물이다. 이 과정에서 타 전공에 대한 상호 학습이 공동 연구의 심화 확대에 매우 유용하다는 사실을 새삼 확인할 수 있었다. 그렇게 하여 동아시아 출판문화사 연구를 최초로 시도할 수 있었다. 물론 이러한 시도는 이제 시작에 불과하다. 이 책 역시 17세기 동아시아 출판의 전체적인 상황과 출판물의 특성을 나름대로 밝혀내고 있으나, 아직도, 보완할 점이 많을 것이다. 독자 여러분의 지적과 비판 속에서 우리의 연구를 발전시켜 나가고자 한다. 또한, 18세기 이후의 출판 연구도 계속 수행할 것임을 약속드린다.

　이 책이 나오는 데에는 한국출판문화진흥재단의 지원이 큰 힘이 되었다. 출판 발전에 크게 기여하고 계시는 윤형두 이사장님을 비롯한 관계자 여러분께 감사드린다. 또한 아름다운 책이 될 수 있도록 애써 주신 오름 출판사의 부성옥 사장님과 최선숙 편집부장님께 감사드린다.

2009년 12월

지은이

차 례 · · ·

▌표, 그림 차례 ▌

제1장

서론: 17세기 동아시아 출판 연구의 의의

    동아시아란 무엇인가. 그것은 단순한 지리적 개념을 넘어선 역사적 실체이다. 동아시아세계에는 서로 긴밀히 연관된 문화적 가치가 존재함은 물론, 단절없이 이루어진 역사적 교류가 있어왔다. 특히 근대에 들어와 제국주의와 냉전이 조성한 시공간적 상황 속에서 갖게 된 공통의 경험은 이 지역을 역사적 실체로서 규정할 수 있게 하는 기반이 되고 있다.[1)]

    이러한 동아시아 역사에서 17세기는 독특한 의미를 지닌다. 17세기 동아시아의 국제정세는 현재의 그것만큼이나 숨가쁘게 진행되었다. 중국에서 명·청(明·淸) 교체기가 진행되는 가운데, 조선과 중국의 관계는 호란(胡亂)을 계기로, 중국과 일본의 관계는 왜구의 발호와 밀무역(密貿易)의 성행으로 새로운 국면을 맞았다. 한편, 조선과 일본은 임진왜란 이후 단절된 국교가 재개되었다. 삼국이 무력 충돌이라는 억압적 계기를 겪는 동안, 기

---

1) 백영서 외, 「비판적 지성이 만드는 동아시아」, 孫歌, 『아시아라는 사유공간』(파주: 창비, 2003), p.6.

존의 국제질서에 대한 인식은 균열이 생기기 시작했다. 또한 16세기부터 진행된 비공식적 민간교류 또는 밀무역 속에서, 삼국은 자발적인 형태로 서로에 대한 이해를 높여갔고, 상호 일체감을 느낄 수 있는 경험이 획기적으로 쌓여갔다.

그 결과, 17세기에 이르면 중국 중심의 수직적 대외관에 변화가 생기면서 각국에서는 공적 관계로서 사대(事大)의 틀 속에서 형성되었던 중화(中華)의 가치를 다원화하기에 이르렀고, 자국의 자의식을 강화시켜 나가게 되었다. 다시 말하면, 명·청 교체기에 정부의 공적 차원에서만 머물던 중국과의 관계가 민간의 사적(私的) 관계로까지 확대되는 가운데, 중화사상에 대한 각국의 해석이 달라지고 있었던 것이다. 조선은 명·청의 교체를 경험하면서 소중화의식에서 조선 중화의식으로 주체의 전환으로 발전하였고, 일본은 '화이변태'[2] 의식으로 독자성을 고집하는 방향으로 나아갔다.

마침 이때, 명·청 교체기를 맞아 경제의 활성화와 함께 상업출판이 크게 번성하고 있던 중국 서적들의 각국 유입은 사상적 변이를 더욱 촉진시켰다. 즉, 사상과 정신을 담는 그릇으로서의 서적은 이러한 변이를 확대·심화시키게 되었다. 여기에서 우리는 17세기 동아시아의 출판에 주목하지 않을 수 없는 것이다.

중국의 서적 전파는 일본으로 하여금 사상의 다양화와 함께 자국의 상업출판을 흥기시키는 계기로 작용하였다. 이때 일본은 독창적인 주자학 연구자가 나오고 중국 소설이 자유롭게 서민들에게 보급되기 시작하였다. 반면에, 조선에서는 정부가 주자학의 경직된 이데올로기를 더욱 강화하면서 정통 주자학의 관점을 지닌 중국 서적만 유입되도록 강력하게 통제하였다.

그러나 조선의 지식인들은 중국과의 밀무역 등 다양한 비공식적 루트를 통해 다양한 중국 서적을 유입하였고, 이를 통하여 비주자학적 사상을 흡수하고, 스스로 새로운 세계의 비전을 창출하고 그것을 출판을 통하여 전파하고자 하였다. 이때 조선에는 새로운 실학서적이 씌어졌고, 중국과 일본보다

---

2) 중화와 오랑캐가 바뀌는 현상을 말한다.

늦기는 했지만 소설도 등장하였다.

17세기 동아시아 출판 연구는 바로 이러한 시대 상황과 삼국 간의 문화 교류 및 역사 발전 방식을 알려주는 중요한 시사점이 될 것이다.

최근 일부 연구자들과 출판인들을 중심으로 동아시아 출판을 주제로 한 공동 연구 세미나[3] 및 공동·기획·저술·발간 작업[4]이 이루어지고 있는 것은 바람직한 일이다. 그러나 아직까지 동아시아 출판에 대한 연구는 매우 빈약한 실정이다. 동아시아 개별 국가의 출판 역사에 대한 연구는 미약한 대로 진행되고 있지만, 한·중·일 삼국의 출판 비교 또는 종합적인 탐구는 아직 시도되지 않고 있는 것으로 보인다. 여기에서 이 연구의 의의가 있을 것으로 생각한다.

이 연구에서는 우선 17세기 한·중·일 삼국의 출판문화를 국가별로 고찰한다. 즉, 제2장 한국의 출판문화, 제3장 중국의 출판문화, 제4장 일본의 출판문화 순으로 살피는데, 당시의 시대 상황 곧 정치·경제·사상적 여건과의 관계 속에서 출판 상황과 출판물의 경향과 특징을 파악하고자 한다.

이러한 연구를 토대로 한·중·일 삼국의 출판문화를 비교하면서 역사적 의의를 천착하고자 한다.

---

3) Book Publishing as Communication: The Transformation of Book Publishing and Culture in East Asia, 日本出版學會, 東京經濟大學 Communication 學部 공동 주최 세미나, 2006년 10월 28~29일.

4) 대표적인 아시아 공동출판 작업으로, 류쑤리 외 저, 한국출판마케팅연구소 편, 『동아시아에 새로운 '책의 길'을 만든다』(서울: 한국출판마케팅연구소, 2004)가 있다.

제2장

17세기 한국의 출판문화

17세기는 위기의 시대라고 한다. 자연 재해, 기근, 전염병 등이 전 세계적으로 퍼졌다. 이러한 거대한 재해 외에도 조선은 17세기를 전후하여 일본과 후금의 침입으로 최악의 위기를 맞이하였다. 이런 속에서 조선 초에 들어온 주자학 이데올로기는 더욱 강화되었다. 그러나 전쟁을 겪으며 조선을 강하게 묶어 두었던 신분제가 흔들리기 시작하였고, 사상의 대립 속에서 '사문난적'으로 취급당하고 역적으로 몰리는 붕당구조 속 살벌한 분위기에서도 양명학과 같이 주자학을 맹신하지 않는 사상이 지식인들 사이에서 퍼졌으며, 사회 개혁사상을 주장하는 실학자들의 저술이 전파되기 시작하였다.

또한 출판물은 기근, 전염병 등 당시 조선 사회의 위기를 극복할 수 있는 가장 효율적인 도구로 인정받았다. 이런 가운데, 17세기 후기에는 전쟁의 후유증이 극복되고 농업 생산력이 증대되는 가운데, 사회적 안정을 회복하였다.

다시 강조하지만, 이와 같은 17세기의 역사에서 출판은 자신의 사명을 충분히 감당하였다. 즉, 위기의 현실을 극복하여 사회 발전을 이루는 일,

경직된 이데올로기의 정치적·사상적 구조에서 탈피하여 새로운 세계의 비
전을 제시하는 일에 가장 중요한 역할을 맡았던 것이다. 이 장에서는 이러
한 출판문화의 실상과 의미를 새겨 보고자 한다.

제1절 시대적 배경: 무너지는 중세지배구조와 사회개혁사상의 전파

17세기는 한국사에서 중요한 의미를 지닌다. 전쟁과 기근이라는 혹독한
상황 속에서 진행된 사회 변동은 중세적인 지배 질서를 본격적으로 바꾸어
놓았기 때문이다.

이러한 17세기의 시대 상황을 크게 정치, 경제, 사상의 세 측면으로 나누
어 살펴보기로 한다. 먼저, 정치·군사적인 면을 살펴보자.

조선은 17세기를 전후하여 일본과 중국 대륙의 국가로부터 50년도 안
되는 기간에 네 차례나 침략을 당했다. 일본 열도를 평정한 도요토미 히데
요시의 야욕으로 일어난 임진왜란(1592년), 그 연장선상에서 3년의 휴전
기간을 거치고 다시 일어난 정유재란(1597년), 중국 대륙에서 막강한 신흥
국가로 떠오른 청나라와의 전쟁인 정묘호란(1627)과 병자호란(1636)이 그
것이다. 이 네 번의 외침 속에서 조선의 국토는 전쟁터가 되었고, 토지는
황폐해졌다. 위정자들의 무능과 당리당략 그리고 경직된 이데올로기는 조
선 반도를 참혹한 병화(兵禍) 속으로 몰아넣었다.

임진왜란이 일어나기 10여 년 전부터 율곡(栗谷) 이이(李珥)가 군대를 양
성하여 일본의 침략에 대비해야 한다고 주장한 것은 잘 알려진 사실이다.
또한, 전쟁의 소문이 한창 돌던 1590년 3월 일본에 간 통신사 황윤길도
1년 뒤 귀국하여 "필시 병화(兵禍)가 있을 것이다"고 보고하였다. 이때 부
사 김성일은 반대 의견을 표명하였는데, 위정자들은 당리당략 속에서 김성
일의 보고를 채택함으로써, 전쟁 대비 기회를 스스로 포기하고 말았다.

중국의 침략도 마찬가지였다. 중국 대륙에서 명나라와 후금(청나라의 전신)이 전쟁까지 불사하며 주도권을 다투고 있을 때, 광해군은 현명하게 두 나라와 균형 외교 정책을 유지함으로써 중립을 지켜 전쟁을 막아내고 있었다. 그러나 광해군의 중립외교는 당시 집권세력인 서인의 반발을 샀고, 결국 인조반정을 통하여 광해군을 몰아내었다. 인조와 서인정권은 경직된 중화사상 속에서 반정을 정당화하기 위하여 명나라 일변도의 외교노선을 걷게 되었다. 이로써 조선과 후금의 관계는 급속도로 악화되어 갔고, 결국 1627년 1월 후금의 군대는 조선을 침략하여 의주와 창성진을 함락시켰다.

조선은 후금의 제안을 받아들여 같은 해 3월 정묘화약을 맺었고, 이로써 후금과 조선은 형제의 국가가 되었다. 그러나 이후에도 조선은 친명 외교 정책을 계속 고집하자, 청제국을 세운 후금은 조선을 재차 침입하였다(병자호란). 그 결과 조선은 청의 제후국이 되었고, 인조의 장남 소현세자와 차남 봉림대군 등은 중국 심양에 인질로 잡혀갔다.

인조반정으로 성립한 인조정권은 사림의 정통을 계승했다고 자부한 서인과 남인의 연합정권이었다. 그들은 16세기 이래 성장해 온 사림의 정치 이상을 전면에 내세웠으나, 그 정책들이 미처 착근되기 전에 병자호란에서 패배했고 청나라와 사대관계를 맺은 것이다. 뒤이어 유교문화의 정통이라고 생각했던 명나라가 멸망했다. 200여 년을 지속했던 국제질서는 17세기 전반에 그렇게 마감되고 있었다.[1] 달리 말하면, 17세기 동아시아 국제질서의 패권이 바뀌게 된 것이다.

한편, 임진왜란 후 도쿠가와 이에야스가 집권한 일본과는 1609년 국교를 재개하였다. 한국에서 통신사 일행이 일본을 방문하여 정중한 환대를 받았으며, 한국 문화를 일본 국민들에게 보여주는 기회가 되었다. 이때 통신사 행렬을 그린 각종 회화들이 지금까지 전승되고 있는 것으로 보아, 일본 문화에 깊은 영향을 주었음을 알 수 있다.

청나라에 볼모로 잡혀 간 소현세자는 9년간 머물며 청과 조선의 외교

---

1) 이경구, 『17세기 조선 지식인 지도』(서울: 푸른역사, 2009), p.6.

<그림 2-1> 조선통신사 행렬을 그린 그림

_출처:『朝鮮通信
使の道寫眞集』

관계에서 중요한 역할을 했고, 서양 문물에도 관심을 가져 귀국할 때는 천
문, 수학, 천주교 서적 등을 가지고 왔다. 그러나 조선에 귀국한 소현세자는
청나라 편이라고 하여 인조와 반청파들로부터 극도의 배척을 당하다가 일
찍 죽고 말았다.

인조를 이어 왕위에 오른 봉림대군(효종)은 병자호란의 치욕을 갚겠다며
북벌정책을 추진하여 군사력을 강화하고 무기를 개발했다. 그러나 당시 강
대한 청나라의 세력을 감안하면 북벌은 현실성이 적었고, 몇 차례의 전쟁으
로 드러난 집권층의 무능을 감추고 백성들에 대한 통제를 강화하는 역할을
했다고 볼 수 있다. 당시 주자(朱子) 사상을 내세우는 송시열 등의 서인
세력은 명에 대한 의리를 명분으로 북벌정책에 적극 동조하였다. 그러나
효종의 때이른 죽음으로 북벌 정책은 계획 단계에서 중단되었다.

그런데, 효종이 죽자 어머니인 자의대비가 얼마 동안 상복을 입어야 하
는지를 둘러싸고 서인과 남인 간에 논쟁이 일어났으니, 이것이 제1차 예송
논쟁(1659년)이다. 주자의『가례(家禮)』에는 부모는 장남이 죽었을 때는 3
년, 차남부터는 1년의 상복을 입도록 되어 있다. 서인은 효종이 차남이므로
1년을, 남인은 효종이 왕위를 계승했으므로 장남 자격으로 3년 동안 상복
을 입어야 한다고 주장했다. 이후 효종비가 죽자 자의대비 복제 문제로 다

시 논쟁이 일어났으니, 이것이 제2차 예송논쟁(1674년)이다.

이때 서인은 9개월을, 남인은 1년을 주장했다. 즉, 서인은 예법은 모든 사람에게 같이 적용되어야 하며 왕도 예외일 수 없다고 주장했다. 반면에, 남인은 장남이 아니라도 왕위에 오른 사람은 장남으로 대접해야 한다며 국왕의 절대권을 주장한 것이다. 이러한 논쟁의 배경에는 이미 권력을 장악하고 신권(臣權)을 확대하고자 하는 서인과, 권력에서 밀려나 있으면서 왕권과 결합하여 권력을 잡고자 하는 남인의 투쟁이 있었다.[2]

결국 두 번의 논쟁에서 처음에는 서인이, 다음에는 남인이 승리했다. 그 결과 남인과 서인이 번갈아 권력에서 축출되었다.

한편, 정부는 정치적 혼란 속에서도 전후복구를 위한 조치들을 취하지 않을 수 없었다. 농업 생산의 증진에 힘썼고, 호적 작성을 통해 국역 자원을 확보하고자 했으며, 예산절감에 주력했다. 또한, 농민경제의 안정을 위해 부세제도의 개혁을 추진하였다. 가장 큰 사회문제였던 공납제의 폐단을 개혁하여 대동법을 실시한 것이다. 공납제는 각 지역의 토산물을 현물로 바치도록 되어 있으나, 실제로는 그 지역에서 나지 않는 물품을 공물로 부과하는 경우가 많았다. 그리하여 방납의 성행 등 운영에서 많은 모순을 포함하고 있어, 이미 16세기부터 사회문제로 등장하였다. 대동법은 이러한 공물의 부담을 토지소유 면적에 따라 쌀로 통일하여 거두어들여, 해당관청에서 필요한 물건을 사도록 하는 제도이다.

이 제도는 1608년 경기도에서 시작되어 전국으로 확대되었다. 대동법으로 부담이 늘어난 지주와, 방납업자들과 권력층의 반대가 심해 몇 차례 시행이 중단되기도 했다. 그러나, 대동법 실시 결과 국가재정의 농업의존도가 크게 높아졌고, 잡역에서 해방된 농민들은 농업에만 전념할 수 있었다. 또 물건을 조달하는 공인의 활동도 촉진되어, 상공업의 발달을 이끌었다. 그 결과 전국적인 시장권의 형성과 도시의 발달 및 상품화폐경제체제로의 전환을 가져오게 되었다.

---

2) 하일식, 『연표와 사진으로 보는 한국사』(서울: 일빛, 1998), pp.166-167.

1669년에는 양인(良人, 良民) 인구를 늘리기 위해 노비가 양인 여자와 결혼한 경우, 그 소생을 양인으로 하는 노비종모법이 실시되었다. 한편, 농민층의 동요를 억제하기 위해 사회 통제 장치도 강화하였다. 양란(兩亂) 이후 도망하는 노비가 급격하게 늘어나자 그들을 찾아내는 노비추쇄정책이 강력히 추진되었다. 그리고 향약과 호패법 등을 시행하여 사회기강을 유지하고자 하였다.

다음은 경제 면을 살펴보자.

전쟁과 함께 밀어닥친 기근은 17세기를 위기의 시대로 만들었다. 기근은 17세기 전 시기에 걸쳐 있었는데, 전반기에는 1626년(인조 4, 병인년)과 1627년(인조 5, 정묘년)에 정점에 오른 후(병정대기근이라 함), 1629년까지 무려 4년간 지속되었다. 함경도에서부터 제주도까지 전국적으로 일어난 초대형 기근이었는데, 아사자들이 속출했고 도적떼들이 횡행했다. 후반기인 효종대(1649~1659)와 현종대(1659~1674)에도 심한 기근이 연이어 발생하였다. 특히 1670년(현종 11, 경술년)과 1671년(현종 12, 신해년)의 기근 때는 전염병뿐 아니라 심한 추위까지 동반하는 경우가 많았기 때문에 피해가 극심하였다(경신대기근). 현종 12년(1671) 한 해 동안 굶주림 속에 유기된 자는 680,993명이고, 굶거나 얼어서 죽은 자는 58,415명, 전염병 사망자는 34,326명으로 집계되었다.[3] 또한 1695년(숙종 21, 을해년)과 1696년(숙종 22, 병자년)에도 연이어 대기근(을병대기근)이 들어 두고두고 심각한 피해를 끼쳤다.

정부는 이러한 기근에 대한 대책으로 진휼청에서 굶주린 사람들에게 직접 곡식을 나누어 주어 기민을 구제하고자 하였고, 토지의 개간을 장려하였다. 또한 관리들은 농서를 편찬하여 황무지를 개간하는 방법과 개량된 농법을 소개하였다. 대표적인 예가 공주목사 신속이 1655년(효종 6)에 『농가집성』을 편찬 보급한 일이다.

또한 17세기에는 사회적 생산력의 증가가 이루어졌다. 우선, 농업 부문을

---

3) 이영학, 「17세기 사회경제적 상황」, 이영학 편, 『17세기 한국 지식인의 삶과 사상』(서울: 다해, 2006), p.4.

보면, 이앙법의 확대에 따른 이모작 실시, 시비법의 발달, 농기구 종류의 개량, 수리시설의 증가 등에 힘입어 농업 생산력이 크게 증가하였다. 또한, 상품 작물이 확대됨에 따라 상업적 농업도 발달하게 되었으며, 군수 수공업과 군수 광업이 발달하고 관청 수공업은 민간 수공업으로 이전되었으며, 어업과 염전 사업 등이 확대됨에 따라 생산력이 전체적으로 발달하게 되었다.

이러한 사회적 생산력의 발달과 함께 대동법 등 조세제도가 바뀌게 됨으로써 상품유통을 자극하게 되었고, 국가에서 발행한 화폐인 상평통보가 전국적으로 유통됨으로써 상품화폐경제의 활성화를 촉진하였다. 서울 등의 대도시에서는 시전 이외에 난전들이 활발히 상행위를 하기 시작하였으며, 지방에서는 객주, 여각, 보부상 등이 활발히 활동하면서 지방 장시의 수도 급격히 증가하였다. 또한 장시에서 거래되는 물품의 수도 증가하였다.

17세기 이후 상품유통이 활발해지자, 그 담당자인 상인층이 변화하게 되었다. 조선 전기에는 관청의 특권을 얻은 상인만이 상업 활동을 할 수 있었지만, 17세기 이후 상품유통이 활발해지자 사상(私商)들이 각 지역에 등장하면서 상업활동에 종사하게 되었다. 서울의 한강을 중심으로 활동하였던 경강상인, 전국적인 유통망과 대자본을 지니고 있었던 개성상인, 중국과의 무역을 통하여 성장하고 있었던 의주상인, 일본과의 교역을 담당하였던 동래상인 등은 그 대표적 사례였다.[4]

한편, 네 차례의 전쟁 중에 군량미와 복구비 조달을 위해 납속 제도가 행해졌다. 납속 제도란 정부가 평민이나 노비로부터 재물을 받고, 신분이나 관직을 살 수 있게 만든 제도였다. 이때 재력 있는 평민이나 노비들은 신분 상승을 이룰 수 있었다.

이러한 납속 제도는 전쟁 중에 실시되었는데, 기근의 피해가 극심해지자, 인조와 효종 때부터 진휼비 확보를 위해 더욱 확대되었다. 특히 현종 초기에 연이어 기근이 들자 정부는 모곡별단을 제정해 대대적으로 납속을 실시했다. 이에 따라 조선의 신분 질서가 붕괴되기 시작하였다.

---

4) 이영학, 앞의 글, p.20.

다음은 사상적 측면에서 17세기를 살펴보자.

17세기의 사상적 전개는 정치권력 또는 시대 상황과의 연계 속에서 바라보아야 할 것이다. 그것은 사상이 단순한 학문적 탐구나 이론의 전개가 아니라 국가 존립의 근거 또는 주도권 장악을 위한 토대로서 끊임없는 논쟁의 매개로 작용했음을 의미한다.

17세기 사상의 우선적 주류는 주자학을 중심으로 한 것이었다. 그것은 이황, 이이 등으로 이어지는 성리학의 주장을 국가의 이데올로기로서 확립하는 것이었다. 이 대열에서 이탈하거나 조금의 비판이라도 엿보이면 가차없이 이단으로 몰렸다. 여기에 대표적인 인물은 송시열[5]이라 할 수 있다.

송시열은 25세(1631년)때 김집으로부터 가르침을 받으면서 본격적으로 『주자대전』과 『주자어류』 등 주자의 학문을 공부하였다. 이후 그는 점차 주자에 경도되어 갔는데 이렇게 된 데에는 아마도 정묘호란 때 큰 형과 부

〈그림 2-2〉 송시열 초상

송시열은 봉림대군(효종)의 사부를 지냈고, 이조판서, 우의정, 좌우정 등을 역임했다. 그는 주자주의에 깊이 빠져들었고, 숭명의리론을 주장하여 당대에 큰 영향을 끼쳤다. 정조는 송시열을 가리켜, "우리 조선에 우암 송선생이 나타나자 인륜이 밝아지고 천리가 섰으니, 그가 지킨 것은 주자의 대의이고 그가 가르친 것은 주자의 대도이다." 라고 격찬하였다.

_출처: 『조선시대 초상화 I』

---

5) 송시열에 대한 설명은 이영학 편, 앞의 책, p.118, p.129; 하일식, 앞의 책, pp.161-162 참조.

친을 잃은 경험, 병자호란의 쓰라린 패배가 적지 않은 영향을 미쳤을 것으로 생각된다. 정묘호란 때 큰 형 송시회는 청군과 싸우다 죽었으며 한 달 뒤에 부친도 세상을 떠났다. 송시열은 주자의 사상에 대한 털끝만큼의 비판이나 회의도 용납하지 않았다. 이것은 그가 정계에서 활동할 때나 학문 연구에 매진할 때나 마찬가지였다.

그는 제자 양성에 힘쓸 때도 주자의 글을 먼저 가르치며 "독서는 마땅히 율곡 선생이 정해 놓은 순서로써 주를 삼아야 하나 후학들이 힘을 얻게 될 곳은 주자의 글과 같은 것이 없다"는 점을 강조하였다. 그는 숭명의리론을 주장하여 병자호란 이후에는 벼슬을 사양하고 은거했고, 효종대에는 북벌정책을 이론적으로 뒷받침하고 주도했다. 그는 서인의 영수로 당쟁의 중심에 있었다. 남인을 소인으로 몰며 가혹하게 처벌할 것을 주장하여, 서인이 노론과 소론으로 분리되는 계기가 되었다. 그는 경종의 세자 책봉에 반대하다가 사약을 받았다. 17세기는 양란의 피해뿐만 아니라 소빙기(小氷期) 현상에서 비롯된 심각한 자연재해로 인한 피해도 극복해야만 했기 때문에 그 어느 시기보다도 정파마다 많은 사회경제정책이 제시되고 대립하였다. 서인(노론)의 핵심 인물이었던 송시열 역시 여기에서 예외는 아니었다.

그러나 17세기 사상계는 후술하겠지만, 주자 중심의 성리학뿐만 아니라, 양명학, 불교, 노장사상 등이 부각되면서 다양한 사상 조류들이 전개되었다.

또한, 17세기에는 사상적으로는 전쟁으로 인해 무너진 사회질서의 회복에 큰 관심을 기울였고, 그 결과 예학이 발달하게 되었다. 이는 존화양이사상의 강화, 강상의 계층윤리 극대화, 대외명분론 중심의 가치론을 강조하는데로 이끌었다. 특히 중화의 국가인 명나라가 멸망한 만큼 문화의 중심은 조선으로 옮겨 오게 되었다고 생각하여, 조선 전기의 소중화(小中華)의식은 조선중화의식으로 전환하게 되었다.[6]

또한 예학에 대한 강조는 일반 백성의 문제에서 그치지 않고 왕실의 법도 문제와도 연결되면서 앞에서 언급한 예송논쟁을 불러왔고 이는 정치적

---

6) 백남욱 엮음, 『한국문화사』(서울: 대왕사, 2006), p.237.

주도권 다툼으로 비화하게 된 바 있다.

제2절 17세기 한국의 출판 상황

1. 임진왜란 후 인쇄문화사업의 재건

임진왜란으로 한국은 인명과 재산상의 피해뿐만 아니라 문화적으로도 커다란 타격을 입었다. 특히 인쇄 출판 분야에서 입은 피해는 엄청났다. 일본군은 거의 모든 서적과 활자는 물론 인쇄기구와 판목까지 약탈해 갔다. 전후 시급한 과제로서 인쇄기구를 갖추어야 했으며, 특히 금속 활자를 새로 제작해야 했다. 그러나 전쟁의 피해가 워낙 크고 혼란이 오랫동안 지속되어 종전처럼 금속활자를 새로 주조하는 것은 생각할 수도 없었다. 흩어진 금속활자를 모으고 목활자를 보충하여 사용했지만 활자는 턱없이 부족하였다.

결국 서적간행에 필요한 활자를 구리가 아니라 나무로 만들 수밖에 없었다. 그것도 서적 인쇄 주무 부서인 교서관이 아니라 재정과 인력의 여유가 있었던 훈련도감에서 맡았다. 이것이 임진왜란 이후 처음 만들어낸 목활자로서 '훈련도감자' 이다. 여기서 만들어진 글자체는 대체로 갑인자, 경오자, 을해자 등 조선 초기 이래의 금속활자체를 모방한 것이다. 그러나 금속활자를 대신한 목활자의 사용은 일시적이었다.

정부에서는 임진왜란으로 중단되었던 종래의 주자제도를 복구하고자 주자도감(鑄字都監)을 설치하고 1618년(광해군 10)에 동활자인 무오자(戊午字)를 만들었다. 이 무오자는 이괄의 난 또는 병자호란에 의해 소실되어 정부에서는 다시 목활자를 사용하였다. 보다 본격적인 금속활자의 주조는 현종대에 김좌명에 의해 이루어졌다. 호조와 병조의 판서를 겸직하고 있던 김좌명(金左明)은 호조와 병조의 물자와 인력을 사용하여 수어청에서

〈그림 2-3〉 현종실록자로 인출한 『현종실록』 권제1

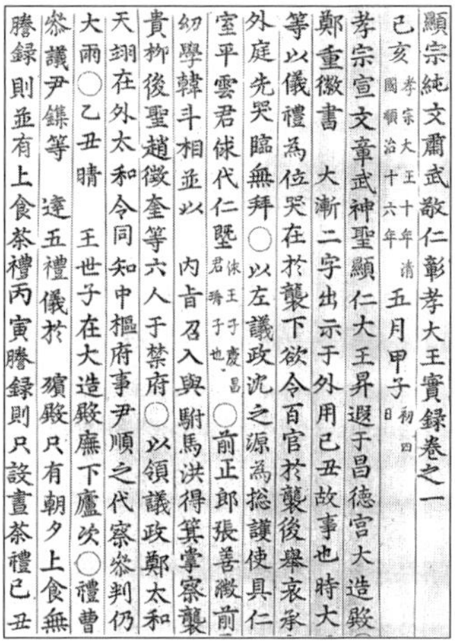
顯宗純文肅武敬仁彰孝大王實錄卷之一
己亥(孝宗大王十年 清國順治十六年)五月甲子(初四日)
孝宗宣文章武神聖顯仁大王昇遐于昌德宮大造殿
鄭重徽書 大漸二字出示于外用己丑故事也時大
等以儀禮爲位哭在於襲下欲令百官於襲後擧哀承
外庭先哭臨無拜○以左議政沈之源爲摠護使具仁
室平雲君俅代仁墍(俅王子慶昌君瑃子也)○前正郎張善瀓前
幼學韓斗相並以 內旨召入與駙馬洪得箕掌察襲
貴柳後聖趙徵奎等六人于禁府○以領議政鄭太和
天翊在外太和令同知中樞府事尹順之代察叅判仍
大雨○乙丑晴 王世子在大造殿廡下廬次○禮曹
叅議尹鏶等 達五禮儀於 殯殿只有朝夕上食無
謄錄則並有上食茶禮丙寅謄錄則只設晝茶禮己丑

〈그림 2-4〉 낙동계 활자로 인출한 『당송팔대가문초』

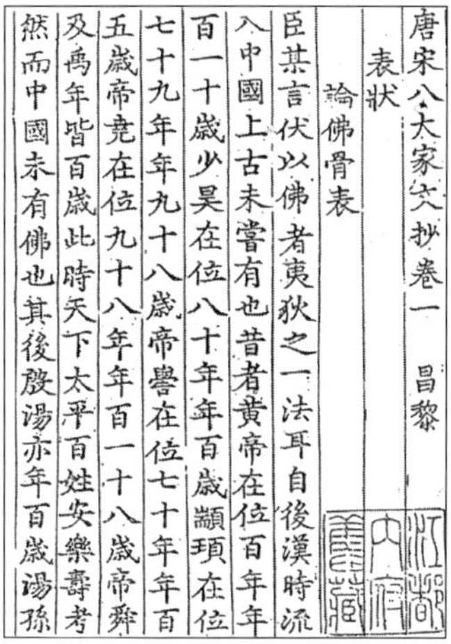
唐宋八大家文抄卷一 昌黎
表狀
論佛骨表
臣某言伏以佛者夷狄之一法耳自後漢時流
入中國上古未嘗有也昔者黃帝在位百年年
百一十歲少昊在位八十年年百歲顓頊在位
七十九年年九十八歲帝嚳在位七十年年百
五歲帝堯在位九十八年年百一十八歲帝舜
及禹年皆百歲此時天下太平百姓安樂壽考
然而中國未有佛也其後殷湯亦年百歲湯孫

66,100여 자의 대자(大字)와 46,000여 자의 소자를 주조하였다. '무신자(戊申字)' 로 불렀다. 숙종 연간부터 중앙의 활자인쇄는 활발해지기 시작하였다. 1677년(숙종 3)년에는 『현종실록』을 인출하기 위해 동활자를 사용하였는데 이것이 현종실록자이다. 이 활자는 낙동계라는 개인 소유의 동활자 35,830자를 차용하고, 부족한 활자는 교서관에서 더 만든 것이다.

그런데 낙동계 활자와 보충해서 만든 교서관 활자와는 구별이 곤란하다고 한다.[7] 『현종실록』의 인출이 끝난 후는 소유주에게 되돌려 주어야 했으나 되돌려 주지 않고 교서관에 내려주어 『전한서』와 『후한서』를 인출하였다. 또한 활자의 소유주는 그 대금을 고사했으므로 이후 이 활자로 인출한 모든 책은 한 권씩 원소유주에게 급부하도록 하였다.[8]

---

7) 윤병태, 『조선 후기의 활자와 책』(서울: 범우사, 1992), p.73. 낙동계 활자로 인출한 책은 『당송팔대가문초(唐宋八大家文抄)』, 『경자증광사마방목(庚子增廣司馬榜目)』, 『임자식년사마방목(壬子式年司馬榜目)』의 세 가지가 있다.

8) 배현숙, 「조선후기 인쇄술」, 민족문화연구소 편, 『한국문화사상대계』 3권(경산: 영남

〈그림 2-5〉『효경대의』

이 책은 『효경』에 주석을 단 책이다. 『효경』은 공자와 그의 제자 증자가 문답한 것 중에서 효도에 관한 것을 추린 것이다. 유성룡은 『효경대의』의 발문에서 발간 취지를 이렇게 말한다. "모든 행실이 효가 아니면 바로 설 수 없고, 모든 선이 효가 아니면 행해지지 않기 때문이니, 소위 하늘의 경(經)이고, 땅의 의(義)이며, 백성의 떳떳함으로서 천자로부터 일반백성에 이르기까지 진실로 하루도 배우지 않아서는 안 될 것이다."

　　임진왜란 후 지방에서도 목판인쇄술과 함께 활자인쇄술도 사용하였다. 중앙에서 훈련도감자를 만들어 간행하고 있을 때 지방에서도 목활자를 만들어 책을 간행한 것이다. 임진왜란 후 지방에서 최초로 활자를 사용해서 간행한 서적은 『효경대의(孝經大義)』인데, 1604년(선조 37) 평안도 관찰사가 평양 활자로 인출한 것이다.[9]

　　반면에 일본은 약탈해간 동활자로 많은 책들을 찍었는데, 1593년 간행한 『고문효경(古文孝經)』이 일본 최초의 활자본이라고 한다. 그러나 간행부수가 극히 적었던 까닭으로 전해지지 않는다. 일본은 4년 후에 목활자를 제작하여 『권학문(勸學文)』과 『금수단(錦繡段)』 등을 칙판(勅板)으로 간행하였는데, 『권학문』의 발문에는 "이 방법은 조선에서 온 것인데 조금도 불편이 없다. 이에 차서(此書)를 모사(模寫)한 것이다."라고 적혀 있고, 『금수단』의 발문에도 "이 규모가 요사이 조선에서 온 것인데, 천청(天聽)에 전달되

대학학교 출판부, 2004), p.143.
9) 배현숙, 위의 글, pp.151-152.

어 그의 모양(模樣)에 의하여 공(工)을 시켜 모사(摹寫)케 한 것이다."라고 적혀 있어서, 그 활자본들이 한국 활자판의 법을 모방하여 인쇄한 것임을 밝히고 있다.[10]

2. 기근 극복과 농서의 발행 보급

정부에서는 기근 극복을 위하여 앞에서 언급했듯이 다양한 대책들을 내놓았는데, 농서의 발행 보급도 매우 중요한 사업이었다. 즉, 정부나 지방관 및 향촌 지식인들은 농서를 편찬하여 황무지를 개간하는 방법을 알려주거나, 개간지에서 농사짓는 법을 소개하였다. 대표적인 예는 앞에서 언급한 공주목사 신속(申洬)의 『농가집성(農家集成)』이다. 그는 기존에 나온 『농사직설(農事直說)』을 보완하면서 "토지가 습(濕)해서 곡물 파종에 적당하지 않은 곳은 …… 풀을 베어 시비한 뒤 밀을 파종하고, 다음 해에는 마른 논으로 만들어서 목화를 심으면 좋다."고 구체적인 방법을 제시하였다. 『농사직설』은 세종의 명을 받아 편찬한 것으로 당시까지 한국 최고의 농업서적이었다.

신속은 15세기에 나온 『농사직설』의 효용성을 스스로 시험해보고, 충분히 인식하였지만, 『농사직설』은 17세기에 이미 구하기 어려운 책이 되어버렸다. 이러한 상황이 『농가집성』을 편찬한 주요한 계기였다고 『농가집성』의 발문에서 밝히고 있다. 그러나 『농가집성』은 『농사직설』을 그대로 전재만 한 것이 아니라 당시의 여러 속방과 지역농서의 내용을 중심으로 상당한 양의 증보를 덧붙였다. 즉 신속은 한편으로 조선 전기의 농서를 집대성하고 새로운 농법의 변화를 적극적으로 수용하는 자세를 지니고 있었던 것이다.[11]

---

10) 김두종, 『한국고인쇄기술사』(서울: 탐구당, 1992), p.292.
11) 염정섭, 「조선시대 농서 편찬과 농법의 발달」, 서울대학교대학원 국사학과 박사학위 논문, 2000, p.106.

〈그림 2-6〉『농가집성』

『농가집성』은 조선시대 농업서적이 주곡작물 위주의 내용을 담고 있는 데에 비해서 목면(木棉) 재배법을 함께 수록함으로써 농서의 영역을 넓혔다는 평가를 받고 있다. 이 책은 17세기에는 물론이고, 18세기의 영조와 정조 대에도 정부 차원에서 적극 권장했던 도서이다. 정조는 『농가집성』에 대하여 "농가의 지침이 되는 것이며, 풍속을 교화시키는 근원"이 되는 책이라고 격려한 바 있다.

　이 책은 정부에서도 그 가치를 인정하여, 1655년 효종은 "공주 목사 신속이 『농가집성』이라는 책을 올렸는데, 호피를 하사하라고 명하였다."는 기록이 『실록』에 보인다.[12] 효종은 신속이 올린 『농가집성』을 인쇄하여 널리 보급시키게 하였는데, 다음 해인 1656년 봄에 『농가집성』을 전남도 관찰사 조계원에게 내려 보내 개간하여 인출하게 하였다. 이외에 다른 향촌 지식인들도 『농가설』『농가월령』『위빈명농기』 등의 농서를 작성하여 자기 지방의 농업기술을 정리해서 다른 지역에 알리고자 하였다.

　한편, 기근 극복 주무부서로서 1541년(중종 36)에 설치된 진휼청에서는 『진휼절목(賑恤節目)』을 마련하고 기근이 발생할 때는 진휼사를 파견하였다. 그리고 구황책자인 『구황촬요』를 배포하였다. 『구황촬요』는 1640년(인조 18)에 김육이 간행하였는데 효종 때 『농가집성』의 부록으로 합쳐졌다. 1660년(현종 1)에는 『구황촬요』와 『구황보유방』을 합쳐서 『신간구황촬요』 1권으로 목판인쇄하였다. 이 책의 내용은 구급법, 대용식물법, 도토

---

12) 『조선왕조실록』(이하 『실록』), 효종 6년 11월 3일.

리, 솔잎 등의 활용법을 담고 있어, 정부에서도 간행보급에 매우 적극적이었다. 『실록』에 나오는 다음 기사는 그러한 사정을 잘 보여준다.

"상평청에서 아뢰기를, '갑자년 겨울에 진휼청에서 『구황촬요』에 기재된 바 가정(嘉靖) 연간의 계목(啓目) 중에 솔잎 먹는 방법을 상고해 가지고 민간에 권유하도록 여러 도에 알렸는데, 각 고을에서는 태만하여 이를 거행하지 않았으므로, 민간에서는 골고루 알지 못하고 실행하지 아니 합니다. 이렇게 좋은 구황 방법을 다시금 신칙하지 않을 수 없습니다. 일체 가정 연간의 계목에 따라 경향을 막론하고 모두 인쇄하여서 민간에 널리 보급할 것이며, 향민 중에 모르는 사람이 많이 있으면, 그 고을의 담당관리를 문책하고, 더욱 심한 고을은 그 수령을 처벌할 것입니다. 또 사방의 모든 산의 솔잎은 전례에 따라 채취를 허용한다는 뜻을 널리 알리는 것이 어떻겠습니까?' 하니, 윤허한다고 전교하였다."[13]

이러한 기사를 보면 기근 극복에서 서적의 보급이 얼마나 중요한 역할을

〈그림 2-7〉『신간구황촬요』 서문

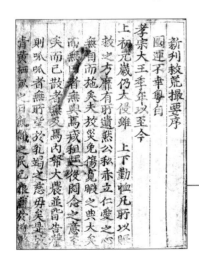

이 책은 단순한 독서용 서적이 아니라 기근 극복을 위한 실천 지침서로 활용되었다. 이 책에는 실제로 굶는 사람을 구제하는 법과 솔잎 먹는 방법 등 다양한 기근 구제 방책이 나온다.

---

13)『실록』, 숙종 12년 11월 17일.

하고 있는지 알 수 있다.

3. 붕당과 사상 대립 속 서적 간행

17세기는 서인과 남인으로 갈라지고, 서인은 다시 노론과 소론으로 분리되는 등 붕당 정치가 전개되는 가운데, 각 정파 간의 사상적 대립도 제기되었다. 앞서 보았듯이 이러한 사상 대립의 중심에는 송시열이 있었다. 송시열은 주자학 이론의 대표자답게 많은 저술을 내놓았다. 그는 방대한 주자학 문헌의 재정리 작업을 벌인 이황 등의 업적을 더욱 발전시켰다. 이러한 주자학 관련 문헌의 정리와 연구의 발전은 당시의 시대상황과 관련이 있을 뿐만 아니라 비주자학에 대한 강한 비판의식과 결부되어 있었다.

17세기에는 성리학을 교조적으로 신봉하면서, 조금이라도 주자와 의견이 다르면 사문난적으로 몰았다. 즉, 양명학이나 도교에 동조하거나, 주자의 학설에서 벗어나 경전을 해석하는 일 등은 이단으로 취급되었다. 이러한 사상의 경직은 성리학을 사회 변화에 대응하지 못하는 관념론에 머물게 했다.

그러나 앞에서 언급했듯이 17세기 사상계는 주자 중심의 성리학뿐만 아니라, 서경덕·조식의 사상, 양명학, 불교, 노장사상 등이 부각되면서 다양한 사상 조류들이 전개되었다. 특히 임진왜란 이후 서경덕(徐敬德)학파, 조식(曺植)학파로 구성된 북인정권의 성립과 광해군의 즉위는 이러한 현상을 더욱 촉진시켰다.14) 이후 주자학을 신봉하는 세력과 다른 정치 세력과의 논쟁과 권력 싸움은 붕당 구조 속에서 확산되었다.

경전을 새로이 주석한 대표적인 사람은 송시열과 학문적으로 대립적 위치에 있던 박세당(朴世堂)과 윤휴(尹鑴)이었다. 박세당의 『사변록』과 윤휴의 『백호전서(白湖全書)』에는 명백히 주자를 비판하고 그와 다른 주석을

---

14) 이영학, 앞의 책.

제시한 것이 많다. 이것은 경전 해석상의 차이에 그치는 것이 아니라 정치적 입장의 차이와 결부되어 당쟁의 한 요인이 되기도 하였다.[15]

윤휴는 "천하의 이치를 어찌 주자만 알고 나는 모르겠는가. 주자는 나의 학설을 인정하지 않아도, 공자·맹자가 다시 살아온다면 내 학설이 승리할 것이다"고 하다가 사문난적으로 몰렸다. 박세당도 『사변록』에서 주자를 비판하고 공자·맹자의 사상으로 돌아갈 것을 주장하다가 사문난적으로 몰려 『사변록』은 몰수되었다. 또 최석정(崔錫鼎)이 쓴 『예기유편(禮記類編)』은 주자와 다른 해석을 했다고 하여 불태워졌다.

그러나 윤휴의 학문은 권철신을 통해 정약전·정약용에게 이어졌으며, 박세당도 대학 강령의 재해석 등에서 정약용에게 적지 않은 영향을 준 것으로 알려지고 있다.

이러한 사상의 경직은 양명학 등 새로운 사상의 유입을 막고, 성리학을 사회 변화에 대응하지 못하는 관념론에 머물게 했다. 한말에는 정통적 보수 성리학자들이 외세에 대항하여 쇄국을 주장하며 위정척사운동을 벌였음은 잘 알려진 사실이다.

4. 상품화폐경제의 대두와 방각본 출판

상품화폐경제란 한 마디로 자급자족이 아니라, 물건을 시장에 내다 팔 수 있는 상품으로 만들어 보급하고 거기에서 이윤을 추구하는 것이라 할 수 있다. 이와 같은 현상은 조선 후기 출판에서도 분명하게 드러난다. 즉 서적의 상품화 현상이다. 이것은 서적이 보다 많은 불특정 다수를 겨냥하여 발행 보급되게 됨을 의미한다. 말하자면 상업용 목적으로 만든 책인 방각본[16]이 본격적으로 등장하게 되었다. 이에 따라 방각본, 곧 상품으로서

---

15) 국사편찬위원회 편, 『한국사』35(서울: 탐구당, 2003), p.186.
16) 한국에서 방각본의 기원은 처음 서점 설립의 논의가 있었던 1519년(중종 14)으로

의 서적의 내용도 다수를 겨냥하여 다음과 같이 변화되어 갔다.[17]

첫째, 방각본에서 한문을 고수하던 기존의 경향은 사라지게 되었다. 즉 한글서적들의 출판이 활발해진 것이다. 우선, 『논어언해』, 『대학언해』, 『중용언해』, 『주역언해』, 『시경언해』 등 유학 경전 언해본들의 간행이 활발해졌다. 이 유교 경전의 언해본들은 원래 관판본으로 간행된 것이지만, 늘어나는 수요를 맞출 수 없었기 때문에, 방각본으로 다시 출간된 것이다. 그 외에도 17세기에서 더 후기로 갈수록 백성 교화용 서적, 역사서, 가정생활백과, 서간 작성법 등과 같은 다양한 분야의 서적들이 한글로 나왔고, 특히 많은 소설과 가사들이 한글로 출간되어 널리 퍼져갔다. 이것은 독서 행위가 소수 사대부계층에서 다수 일반인에게로 확대되어 갔음을 의미한다.

둘째, 언어뿐만 아니라 내용에서도 변화를 가져와, 교양이나 학습 목적의 출판물이 주류를 이루던 경향에서 17세기 이후로 갈수록 오락적 목적의 서적들이 다수를 형성하게 된다. 17세기에는 아직 애정소설에 해당되는 『구운몽(九雲夢)』 정도가 이런 유형에 속하게 되지만 그 비중은 후기로 갈수록 커지게 된다. 17세기는 이러한 오락적 독서물의 출판이 시작된 세기로 볼 수 있을 것이다. 18세기 이후에는 영웅소설이 다수 나오는데, 이는 독자들의 흥미 진작을 위하여 도식적인 구성에 짜맞춘 것이다. 출판이 발전하면서 오락적 독서물로 변화해 나간 현상은 활판인쇄술이 널리 퍼져나간 유럽의 경우에도 일어났던 현상이다. 한국의 경우, 신분제가 무너지기 시작하는 속에서 평민문학이 등장하는 단초를 열기도 했다.

추정하고 있다. 그러나 당시 서점 설립이 논의에 그치고 말았기 때문에 아직 인정받지 못하고 있는 주장이다. 간기가 찍힌 최초의 방각본은 1576년(선조 9)에 간행된 『고사촬요(故事撮要)』로 알려져 있다. 따라서 방각본의 기원도 현재로서는 16세기 후반으로 보고 있는 것이다. 그런데, 1554년(명종 9) 발간된 『고사촬요』 권하(卷下)에 나오는 '서책시준(書冊市准)' 항목에는 서명과 함께 서적의 가격에 해당되는 쌀과 면포의 양이 적혀 있기 때문에, 1576년 이전에 방각본이 나온 것으로 보아야 할 것이다. 단지 현재까지 실물이 보이지 않고 있는 것이다. 말하자면, 방각본의 기원은 16세기 후반 이전으로 충분히 소급할 수 있겠지만, 본격적인 유통은 17세기 이후로 보는 것이 타당할 것이다.

17) 부길만, 『조선시대 방각본 출판 연구』(서울: 서울출판미디어, 2003), p.197.

〈그림 2-8〉『대학언해』

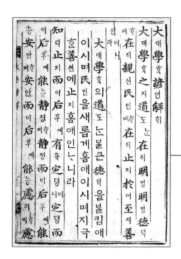

이 책은『대학』을 한글로 풀이한 책이다.『효경』이
행위의 준칙을 밝힌 책이라면,『대학』은 학문의 근
본을 밝힌 책이다. "대학의 도는 밝은 덕을 밝힘에
있으며, 민(民)을 새롭게 함에 있으며, 지극한 선(善)
에 머무름에 있느니라."『대학언해』의 첫머리에 나
오는 말이다.

한편, 조선 후기에 방각본이 성행한 지역은 서울, 전주, 태인 지역이었는
데, 17세기에는 특히 태인에서 많은 방각본이 간행되었다. 태인은 태산(泰
山)현과 인의(仁義)현이 합쳐서 생긴 지명으로 조선시대에는 큰 현에 해당
되는 지역으로서 양반 사대부가 많이 거주하고 상업이 활발하던 지역이었
다. 이 지역에서는 유학 관련 서적을 많이 간행했는데, 주제별로 보면,『공
자가어(孔子家語)』,『공자통기』등 공자의 생애와 업적을 기리는 서적, 그
리고『명심보감(明心寶鑑)』,『효경대의』,『동자습(童子習)』등 교화 또는
유교적 교양을 강조하는 서적들이다.

5. 중국 서적의 유입과 장서문화의 발달

조선시대 서적은 공적인 사회생활에서나 사적인 일상생활에서나 선비들
이 준수해야 할 실천적 행위의 근거였다. 따라서 이러한 서적을 보유한다
는 사실 자체가 선비적 교양과 우월한 신분을 나타내주는 징표였다. 여기

에서 발달한 것이 조선의 장서문화이다.

조선조의 장서문화를 주도한 것은 바로 왕실이었다. 중앙집권화된 유교 사회를 건립하려는 시책의 일환으로 서적을 활용했던 조선왕조는 초기부터 유용한 서적을 갖추는 데에 힘을 쏟았다. 이러한 작업은 물론 중국 서적과 밀접하게 관련되어 있었다. 조선에서 선진문물을 수용할 수 있는 유일한 창구가 중국이었고 그 과정의 직접적 매개물이 된 것이 중국 서적이었기 때문이다. 조선 초기에는 통치질서의 확립을 위하여, 통치질서의 와해를 경험했던 16세기 중종대(中宗代)에는 연산군 시절의 실정을 만회하고 숭유(崇儒)정책을 강화하기 위하여 중국 서적의 유입을 강력히 추진했다. 어느 경우에나 구서(求書)는 왕명으로 시행되었고 사전에 구서(求書)목록도 제작되어 계획적으로 진행되었다.[18] 물론 이러한 구서의 기준은 이단 서적을 배척하고 성리학 서적을 존숭하는 것이었고, 서적을 통해서 계고(稽古)의 전거(典據)를 밝히고 문운(文運)을 진흥시키는 것이었다.[19]

그런데, 특기할 점은 17세기에 들어서면 이러한 장서문화가 왕실이 아니라 개인에게서도 본격적으로 행해지게 되었다는 사실이다. 조선에서 개인 장서에 대한 기록이 등장하는 것은 15세기의 일이며 이 때 장서는 특권층의 교류수단으로 활용되는 등 극히 제한적으로 소장되고 있었다. 16세기부터는 차츰 장서량도 구체적으로 기록에 남기고 장서처도 확인되는 등 조선 장서가 차츰 확산되고 있었음이 확인된다.

이처럼 자체적으로 발달하고 있던 17세기 조선의 장서문화에 일대 발전의 계기가 된 것은 중국 서적의 수입이었다. 16세기 말에서 17세기 초에 이르러 조선의 장서문화 가운데 가장 특기해야 할 사항은 사행(使行)을 통해서 일시에 장서가(藏書家)의 반열에 오른 사람들이 등장했다는 사실이다. 중국에서 유입된 대량의 서적은 국내의 구서 상황만으로는 기대하기 어려

---

18) 이존희, 「조선전기의 對明 서책무역」, 『진단학보』 44(1978), pp.61-67.
19) 송일기, 「"奎章總目"과 "閱古觀書目"」, 『淸浪鄭駬謨博士華甲紀念論文集』(1990), p.434.

웠던 장서문화의 발달을 촉진했다. 간략히 몇 명의 사례를 들어보자면 다음과 같다.

유강(兪絳, 1510~1570)은 젊은 시절 빈곤해서 책을 구하기 어려웠다. 과거에 급제한 뒤에는 서적을 모으기로 결심했는데, 드디어 1588년 사은사(謝恩使)로 중국 사절단에 합류하게 되었다.[20] 사행에서 돌아오는 길에 한 배 가득히 책을 구입해 와서는 사저에 비치했다. 후손인 유만주(兪晚柱, 1755~1788)가 기록한 목록에 의하면, 2,874종의 책이 있었다고 한다.[21] 그가 구입한 책들을 사저(私邸)에 소장했던 것으로 보아 공무역과는 별개의 사적(私的)인 구입이었음을 알 수 있다.

1534년 정사룡(鄭士龍)의 막하관(幕下官)으로 동지사행(冬至使行)에 합류했던 류이손(柳耳孫)은 서얼출신의 서예가이자 사자관(寫字官)이었다.[22] 류이손(柳耳孫)은 이렇다 할 가문과 관직을 지니지 못했지만 뛰어난 서화실력으로 사대부와 동등하게 교류했고 사행에 동참함으로써 수천 권의 장서를 이룩했다.

그리고 장서가 중에 주목할 인물로 허균이 있다. 허균(許筠, 1569~1618)은 1614년과 1615년 두 차례의 사행에 참가하면서 4천 권의 서적을 구입해 돌아왔다.[23] 이때 구입해 온 책들을 다른 선비들도 빌려볼 수 있도록 별도로 장서각을 세워 보관했다.[24] 허균의 개혁사상이 이와 같이 대량으로 소장

---

20) 『실록』, 명종 13년 3월 25일.

21) 兪晚柱, 『欽英』, 「1786年1月16日條·1月18日條」. 김영진, 「朝鮮後期의 明淸小品 수용과 小品文의 전개 양상」, 고려대 국문과 박사학위논문(2004), p.26 재인용.

22) "柳耳孫은 서얼인데 개명(改名)하였으므로 정거(停擧)시켰다"(『실록』, 중종 23년 2월 17일). "柳耳孫과 李元臣은 서사관(書寫官)으로서 승문원에 늘 출사했다는 이유로 녹직에 부쳐졌다"(『실록』, 명종 즉위년 10월 25일).

23) 민족문화추진회 고전국역총서 229 『惺所覆瓿藁』 4 『閑情錄』 해제. 허균은 선조39(1606)년 조선에 온 중국사신으로부터 3종의 책을 선물받았는데 이 책을 채록해서 원본 『한정록』을 지었다. 하지만 그 내용이 너무 소략하여 상심하던 차, 1614년과 1615년 두 차례의 사행에 참가하면서 4천 권의 서적을 구입해 돌아왔고 그 이후 증보를 더해 『한정록』을 완성시켰다. 허균은 자신이 본 96종 서적의 목록인 「전거목록(典據書目)」을 첨가했는데, 그 내용은 야사(野史)와 필기(筆記)에 이르기까지 다양하다.

하게 된 중국 서적의 기반 위에서 가능했다는 것은 잘 알려진 이야기이다.

또한, 단숨에 장서가(藏書家)가 될 정도로, 한꺼번에 대량의 중국서적을 들여온 사람들의 행적은 국내 서적의 유통에 자극이 되었고 저조한 수준에서 머물고 있던 민간의 서적유통은 18세기에 들어서면, 더욱 발전하게 된다.

이러한 사정은 명청(明淸)교체의 전란기를 맞아 중국서적의 유입이 중단된 것을 놓고, 당시 사람들이 조선의 서적유통 및 장서활동에 일대 위기로 받아들였던 것을 통해서도 알 수 있다. 김육(金堉)은 1643년『유원총보(類苑叢寶)』를 저술해 놓고 이렇게 말했다. "내가 어찌 좋아서 이 일을 했겠는가. (조선에서는 왜란과 호란 등의 전란으로) 장서들이 모두 소진되어 버렸는데 천금(千金)을 주고 북경의 시장에서 사오던 서적들도 끊어져 버렸다. 그래서 내가 참람되게도 여러 근거들을 수집하여 이 책을 지은 것이다. 그 사정이 참으로 비탄스럽도다." 25) 이것은 자신의 저술행위에 대한 겸손한 표현을 겸한 것이기도 하지만, 중국에서 서적이 유입되지 않는 것에 대해 보인 불안감은 전혀 과장이 아니다.

이처럼 16세기 말 17세기 초 이래 민간이 구입해 들여온 중국서적은 국내 장서문화의 발전에 일대 계기가 되었다. 그렇다면 민간에 의한 중국서적 수입이 특히 이 시기에 이르러 적극적으로 진행된 이유는 무엇일까? 당시 조선사회는 전후(특히 임란)복구사업의 일환으로서 전적(典籍)을 회복시켜야 한다는 사명감이 팽배해 있었다. 정부에게나 민간에게나, 16세기까지 자체적으로 발전해오던 장서(藏書)를 회복하는 일은 급선무가 되었다. 최립(崔岦, 1539~1612)은 1601년 8월 진주사(陳奏使)가 되어 북경으로 가게 된 유근(柳根, 1549~1627)에게 다음과 같이 말했다.

"우리나라는 원래 소중화(小中華)라고 불리었으니 육경자사(六經子史)를 비롯하여 훌륭한 책들이 없는 것이 없었습니다. …… 현재 병화(兵火) 때문에 공사(公私)의 장서(藏書)들이 모두 망해버렸습니다. 따라서 북경에 도착

---

24) 許筠, 『惺所覆瓿藁』 卷6 文部3, 「湖墅藏書閣記」 고전국역총서.
25) 金堉, 『潛谷遺稿』 卷9, 「類苑叢寶序」.

하거든 시급히 책을 구하지 않으면 안 될 것입니다. 그러나 반드시 읽을 만한 책들만 구하시기를 청합니다." 26) 국내의 출판상황을 고려할 때 빠른 시간 내에 전적(典籍)을 회복할 수 있는 방법은 중국서적을 수입해 오는 것이었음을 알 수 있다. 이것이 민간의 중국서적 수입이 급증했던 첫 번째 이유이다.

그러나 그 원인은 조선사회 내부적인 것에만 있던 것은 아니고 서적의 공급원(供給源)이었던 중국의 사정이 변한 것도 중요한 원인이 되었다. 16 세기 이래 중국에서는 상업출판의 눈부신 발전으로 대량출판의 시대가 열리고 사회에 유통되는 서적의 숫자가 획기적으로 증가했다. 장서가(藏書家) 의 숫자 및 장서량도 대폭 증가했으며, 서적문화에서 소외되어 있던 일반백성이 독자층으로 부상하면서 소설과 희곡 등을 중심으로 출판물의 종류도 다양해졌다. 16세기 중국의 서적문화는 이전시기의 시각으로는 표현해낼 수 없는 정도의 발전을 이룩한 것이다. 그 중에서도 지식인들이 상업출판에 깊숙이 관여하기 시작했다는 점, 그런 지식인들과 내재적인 관계를 맺으면서 서상(書商)들이 독립적인 직업군으로 부상하여 전국적인 유통망을 발전시켰다는 점이 중요하다.

뒤에서 후술할 것이지만, 16세기 말 중국의 서적시장에 대해 직접적으로 묘사한 명말의 호응린(胡應麟)에 의하면 명말 서적의 집산지로 북경·남경·소주·항주의 4대 도시가 있었고 각 도시에는 대표적인 서점거리가 있었다.27) 특히, 남경은 각지에서 사람들이 모여드는 도시였기 때문에 각지의 서상(書商)들도 운집했는데 그 결과 17세기 중후반에는 승은사(承恩寺) 거리에 외성(外省)의 상인들을 전문적으로 상대하는 도매서점의 거리가 탄생했다.28) 이처럼 일신(一新)된 중국의 서적문화가 조선의 중국서적 수입의 외적 배경이었던 것이다.

---

26) 崔岦, 『簡易文集』 卷3.

27) 胡應麟, 『經籍會通』 卷4(上海書店出版社, 2001), pp.41-42.

28) 井上進, 『中國出版文化史』(名古屋大學出版部, 2002), p.243.

16세기 고도로 발전한 중국의 유통망은 거의 동시대의 서적을 조선으로 전파시켰고 양국 서적전파의 시간차는 차후 계속 줄어들게 되었다.[29] 17세기를 기점으로 민간의 중국서적 수입이 급증하고 이것이 조선 국내의 서적 유통의 관건이 되자 차후 조선의 장서문화는 중국 서적문화의 영향 아래 발전하게 되었다.

제3절 출판물의 종류와 특징

17세의 한국 출판물의 경향 또는 특징을 시대 상황 및 출판 현상과의 연계 속에서 살펴보고자 한다. 이를 위하여 정부 출판물과 민간 출판물로 구분하여 그 특징을 검토하고 종합적 고찰은 '제4절 소결'에서 다루기로 한다.

1. 정부 출판물

정부 출판물이란 보통 관판본이라고 불리는데, 중앙 정부나 지방 관청에서 발행한 서적을 말한다. 정부에서는 중요한 책은 직접 간행하기도 하지

---

29) 허균(1569~1618)이 17세기 초 두 차례의 사행을 통해 4천 권의 서적을 구입해 왔고 이것은 『한정록』 저술의 근거가 되었음은 주지의 사실이다. 『한정록』 저술에 인용한 중국서적의 典據書目에 의하면 총 96종의 인용 서적 가운데 거의 절반에 해당하는 43종의 서적이 명대인(明代人)의 저술이다. 그것도 허균과 동시대를 살았던 명대(明代) 문인들의 저작들이 다수 포함되어 있다. 그 외 16세기 말 17세기 초 명대인이 저술한 소설과 산문 등이 포함되어 있는데 이들 서적의 대부분이 두 번의 사행에서 구입해온 것임에 틀림이 없다. 당시 중국에서도 유행하고 있던 인기서적들을 거의 동시대에 조선으로 들여올 수 있었던 것은 중국 서적업이 구축해놓은 유통망이 없었다면 불가능한 일이다(고전국역총서 『한정록』 해제편, 「典據書目表」 참조).

만, 지방 관영에 내려 보내 인쇄하도록 하기도 했다. 인쇄 방식은 다양한 금속활자가 개발되고, 그 기술이 정착되었지만, 금속활자 방식과 함께 목판 인쇄 방식도 사용되었다. 한국 상황에서는 발행 기관이나 인쇄 방법은 때에 따라 달라지기 때문에, 전체 출판물의 특징을 조명하는 데에는 별다른 의미가 없기 때문에, 구별하지 않고 서술하고자 한다. 17세기 정부 출판물의 경향 내지 특징은 다음의 세 가지로 나누어 설명할 수 있을 것이다. 첫째, 유학 서적 또는 예학서 출판의 강세, 둘째, 위기 극복과 실용서 출판, 셋째, 국가 정체성과 역사서 출판이다.

1) 유학 서적 또는 예학서 출판의 강세

17세기 출판물의 첫 번째 특징은 유학 서적 또는 예학서가 출판의 대세를 이루고 있는 점이다.

유학 서적은 『사서삼경』 등의 유학 경전 및 주자학 서적을 말한다. 유학 관련 예학서도 여기에 포함된다. 유교를 국시로 삼은 조선 왕조에서는 초기부터 그러한 서적의 간행 사업을 국가적인 차원에서 전개한 것은 당연한 일이었다. 그러나, 임진왜란과 병자호란 등의 전쟁을 겪으면서 유학 경서조차 제대로 갖출 수 없는 상황에 처하게 되었다. 그래서 중국으로부터 구입하기도 하고, 지방에서 인출된 도서를 헌납받기도 하였다. 1604년 성균관에서 했던 서적 요청 기사는 당시의 상황을 잘 보여준다.[30]

> 변란 이후로 서적이 남김없이 다 없어져 달리 마련하여 소장할 길이 없습니다. 현재 충청도에서 『시전』, 『사서』, 『가례』를, 전라도에서 『사서』, 『주역』, 『계몽』, 『십구사략』을, 경상도에서 『사서』, 『삼경』, 『통감』, 『가례』, 『심경』 등의 책을 모두 새로 간행하고 있으니, 예조에서 행문(行文)하여 각 도에서 두세 질씩 올려 보내도록 하여 본관에 간직해 두고 제생(諸生)의 연구 자료로 삼도록 입계(入啓)하여 시행케 하십시오.

---

30) 『실록』, 선조 37년 12월 2일.

전후에 사회 안정이 이루어짐에 따라 출판사업도 활발해졌고, 사서삼경은 중앙과 지방 관청에서 언해본으로도 다수 출간되었다. 구체적으로 살피면, 『대학언해』(1611, 1631, 1684, 1693, 1695년 간행), 『중용언해』(1612, 1631, 1684, 1693, 1695년), 『논어언해』(1612, 1631년), 『맹자언해』(1612, 1631, 1693년) 등이다.

유학 경전과 함께 이를 해석한 주자의 책이 매우 중요시되었다. 주자서 중에서도 조선시대 유학자들의 필독서였던 『주자대전(朱子大全)』은 내용이 방대하므로 요약하거나 주석한 책들이 많이 나왔다. 이 중에서 17세기 출판물 중에서 대표적인 것은 앞에서 설명한 송시열의 『절작통편(節酌通編)』 등을 들 수 있다.

『절작통편』은 송시열이 관직에서 물러나 고향에 돌아간 이래 제자들과 함께 『주자서절요(朱子書節要)』와 『주문작해』를 합하고 그 위에 자신의 주해를 보충하여 만들어 낸 책이다. 『주자서절요』는 이황이, 『주문작해』는 정경세가 주자의 책 중에서 긴요한 것을 간략하게 뽑은 것이다. 『절작통편』은 1686(숙종 12)년 왕의 명령에 따라 운각에서 교정한 후 영남 관찰영에서 간행되었다. 그리하여 『주자서절요』, 『주문작해』, 『절작통편』으로 이어진 출간은 16, 17세기에 있어서 주자학 연구의 발전과정을 보이는 이정표가 되었다.31) 특히, 『절작통편』은 숙종대는 물론 경종, 영조대에서도 경연에서 강독하는 교재로 활용되었다. 『실록』의 기사에 의하면, 경종이 즉위한 직후 영의정 김창집은 다음과 같이 『절작통편』을 진강할 책자로 추천하고 있다.

"일찍이 선조에는 매양 소대할 때에 『절작통편』을 취하여 진강하였으며, 지금도 또한 이 서적으로 진강합니다. 그런데 이 서적은 일시에 여러 가지를 널리 읽을 수 없으니 매양 진강할 때에 6, 7판을 넘지 말고 의리를 강구하는 데에 힘쓴다면, 성학(聖學)에 도움이 있을 것입니다." 하니, 임금이 그대로 따르도록 명하였다(경종 즉위년 7월 13일).

---

31) 유탁일, 『한국문헌학연구』(서울: 아세아문화사, 1989), p.313.

예학서의 발행은 16세기 후반부터 크게 늘어났는데, 특히 가례서가 주종을 이루었다. 주자의 『가례』를 보충하거나 해설하고 고증한 것들이 많았다. 이러한 작업에 가장 대표적인 인물은 김장생인데 대표적인 저술로『의례문해』(1646년 간행)를 들고 있다. 그 책은 김장생이 의례에 관하여 그의 문인들과 문답한 내용을 토대로 엮은 책인데, 조선조 정부에서 행하는 예식의 준거로 활용되었다. 김장생은 『의례문해』 외에도 『상례비요』, 『가례집람』, 『예기기의』 등도 편찬하였는데, 송시열은 "한결같이 정자와 주자의 학설을 주장하였기에 비록 다른 길로 추향하는 집안이라도 준용하지 않는 이가 없었으니, 그 공로가 많다고 말할 만" 하며, 동방의 예가를 대성하였다고 칭송한 바 있다.[32]

이 김장생의 『의례문해』는 주자가례를 모본으로 하되 조선적 특수성을 감안하면서 시속에 맞게 융통성을 살렸고, 문답도 경전에 나타나 있지 않은 여러 가지 변칙적 사례를 중심으로 하였다. 그리하여 예제(禮制)의 수준을 높

〈그림 2-9〉 김장생 초상

김장생은 율곡 이이에게서 배우고 송시열 등의 학자들을 길러낸 조선시대의 대표적인 학자이다. 김장생은 특히 윤리와 도덕을 깊이 연구하였으며, 가정의례를 하나의 학문으로 발전시켰다.

_출처: 『조선시대 초상화 I』

32) 「문묘 종사에 관한 송시열의 소」, 『실록』, 숙종 7년 12월 14일.

이고 이 시대를 본격적 예학 시대로 접어들게 하였다는 평가를 얻고 있다.[33]

이러한 서인 김장생의 저술에 대비되는 예학서로 남인 정구(鄭逑)의 『오선생예설분류(五先生禮說分類)』가 있다. 이 책은 송대(宋代) 정명도(程明道), 주자(朱子) 등의 예설을 모아 관혼상제와 잡례 등을 분류한 것으로, 1629년 (인조 7) 담양부사 이윤우(李潤雨)와 관찰사 권태일(權泰一)의 도움으로 담양부, 나주목, 영광현에서 분간(分刊)하였다. 이 책은 산재해 있는 예설들을 이용하기 좋게 편집하고, 당시 절대적인 준칙으로 사용되던 주자가례 일변도에서 탈피함으로써 미비점을 보충한 예서가 되었다.

『오복연혁도』도 이윤우가 『오선생예설분류』를 출간하고 나서 여재(餘財)가 있자 다시 출간한 것인데, 5복(五服)에 대한 예설서(禮說書)로 중시되고 특히 영남지방에서 인정받던 책이다. 이러한 예서의 발달은 예론(禮論) → 예학(禮學) → 예서(禮書) → 예송(禮訟) → 예치(禮治)로 연결되어, 예치(禮治)시대에 이데올로기 투쟁의 형태로 예송(禮訟)과 밀접한 관련을 갖게 되었다.[34]

2) 위기 극복과 실용서의 출판

17세기 출판물의 두 번째 특징은 실용성의 강조이다. 위기 극복을 위한 방안 속에서 실용서 출판이 대안으로 제시되고 있다. 17세기 출판물은 유교적 명분과 이상에 따라 사상성이 전면에 드러나고 있지만, 동시에 실질적인 문제 해결을 위한 실용성이 끊임없이 강조되고 있음을 의미한다. 특히, 전염병, 기근 등의 극복을 위하여, 군사 훈련을 위해서, 대외 관계를 위해서 의학서, 농서, 병서(兵書), 외국어 도서 간행이 이루어졌다. 이중에서 농서는 앞에서 설명했으므로 생략하고, 하나씩 살펴보자.

첫째, 의학서이다.

대표적인 것은 허준의 『동의보감』이다. 이 책은 당시 의학 지식을 총망

---

33) 신양선, 앞의 책, p.88.

34) 김장생과 정구 저술의 비교는 신양선, 앞의 책, pp.87-88 참조.

〈그림 2-10〉『동의보감』 본문

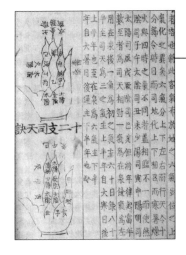

허준이 펴낸 동의보감은 한국의 대표적인 의학서
이다.
허준은 선조 때 어의를 지냈는데, 왕명으로 집필을
시작한 이래, 임진왜란의 피난길에서나 귀양지에서
나 잠시도 멈추지 않아, 16년 만인 1610년에 25권에
달하는 방대한『동의보감』을 완성하였다. 그 내용
은 내과, 외과, 유행병, 급성병, 부인병, 소아병, 약
제조법과 달이는 법, 침술 등 의학 전반을 총망라하
고 있다. 이 책은 당시까지 나온 의학책을 모두 살
펴보고, 복잡하고 어려운 것을 간추려 간편하면서
도 정확하고 유용하게 엮었기 때문에, 해외에도 널
리 소개되었다.

라한 것으로 중국과 일본의 의학에도 큰 영향을 주었다. 이 책에서는 한국
의 의학 전통을 계승하여, 중국 처방과는 다른 우리 체질에 맞는 처방을
소개하고 있다. 『실록』의 기록에 의하면, 저자인 허준(1546~1615)은 선조
임금으로부터 "의방을 찬집하라는 명을 특별히 받들고 자료를 수집하였는
데, 심지어는 유배되어 옮겨 다니고 유리하는 가운데서도 그 일을 쉬지 않
고 하여" 1610년에 완성하였다. 이때 광해군은 그 공로로 숙마 한 필을
직접 주어 그 공에 보답하고 내의원으로 하여금 인출케 한 다음, 중외에
널리 배포하라고 명령하였다.35) 이『동의보감』은 국외에서도 크게 평가를
받아, 중국의 칙사도 보내 달라고 요구하였다는 기록이 『실록』에도 나와
있다.36)
　또 다른 중요한 의학서로는『벽온방』을 들 수 있다. 이 책은 광해군 때에
전염성 열병이 함경도를 중심으로 전국으로 퍼져나가려 하자 그 처방전을

35)『실록』, 광해 2년 8월 6일.
36)『실록』, 경종 1년 4월 5일.

〈그림 2-11〉『노걸대언해』

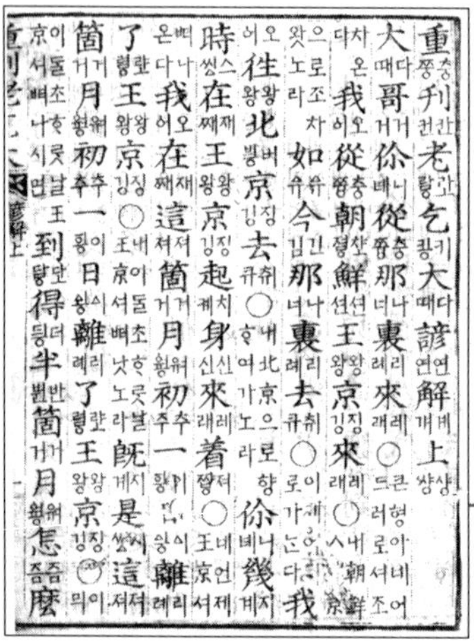

역관을 위한 과거시험용 교재이며, 전란으로 부족하게 되었고, 1596년 사간 정기원은 그 간행을 요청하였다는 기사가 『실록』에 나온다.

책으로 만들어 보급한 것이다. 당시 정원에서 임금에게 "지금 여역이 성하게 일어나 함경도와 강원도뿐만 아니라 도성 및 제도 같은 데에도 이미 전염되어 곳곳이 다 그러합니다. 앞으로의 걱정이 또한 지금 정도에서 그치지 않을 것이니 미리 대비하지 않을 수 없습니다. 『벽온방』이란 책은 장수가 많지 않아 만들기가 쉽습니다. 속히 교서관으로 하여금 많은 수를 인출하게 한 다음 중외에 널리 나누어주어 위급한 사태를 구원하게 하는 것이 어떻겠습니까?"(『실록』, 광해군 4년 12월 22일) 하는 건의가 받아들여져 곧바로 간행된 것이다.

둘째, 외국어 학습서이다.

중국어로는 『노걸대언해』(老乞大諺解, 1679년), 『박통사언해』(朴通事諺解, 1677년)가 있다. 이 두 책은 역관을 위한 과거시험용 교재인데, 전란으로 부족하게 되었다. 그래서 1596년(선조 29) 사간 정기원은 그 간행을 요청하였다는 기사가 실록에 나올 정도로(『실록』, 선조 29년 6월) 정부 차원에서도 중요시한 서적임을 알 수 있다.

일본어 어학서로는 『첩해신어』가 있다. 이 책은 강우성이 편찬한 것을

〈그림 2-12〉『첩해신어』와 『첩해신어』의 활자

일본어 학습서를 찍기 위해 만든 세 가지 활자.
임자(壬子)활자, 병진(丙辰)활자, 무진(戊辰)활자
[좌, 중간, 위]

_출처: 『조선 후기의 활자와 책』

1676년(숙종 2) 사역원에서 간행하여 과거시험에 사용되었다. 이 책의 활자인쇄를 위해서 일본어 활자도 만들었는데, 임자활자(壬子活字, 1672), 병진활자(丙辰活字, 1676), 무진활자(戊辰活字, 1688)의 세 가지이다.[37]

그 외에 중국어 속어사전인 『어록해』(語錄解, 1657년), 만주어 사전인 『동문유집』(同文類集, 1691년) 등도 간행되었다.

셋째, 병서 또는 군사학 서적이다.

임진왜란 후 허술해진 군제(軍制)가 변화되었다. 병농일치의 5위제도가 병농분리인 5영제도로 바뀌는 등 여러 면에서 변혁이 요구되었다. 그래서 먼저 병법에 참고하기 위해 1593년(선조 26) 척계광(戚繼光)의 『기효신서(紀效新書)』를 중국에서 구입하였다. 임진왜란 때 평양에서 명나라 군대가 왜군을 물리친 것도 이 방법에 의했다는 소식을 들은 선조는 이를 입수하여 유성룡에게 강해(講解)하게 하고, 훈련도감 낭청 이자해(李自海)로 하여금 『기효신서』 중의 어려운 내용을 풀이하게 하였다.

---

37) 윤병태, 앞의 책, pp.91-93.

〈그림 2-13〉『신전자초방』

又過數日則氣與味湧上紋自生矣依前
則生土雜而味薄也刮取之後人踏陽曬
厚以曲鎞薄薄刮取其黑紋而不務溌溌
視其地而嘗其味則白者味淡而黑者味
濕故不好
最佳或凉或苦或甜或酸者次之唯鹹者生
路上或牆根前晝曬陽夜潮氣色黑味釅者
取土
新傳煮硝方

임진왜란이 끝난 후 조선 정부는 군사훈련에 힘을 쏟는 한편, 군사학 서적의 부족을 보완하고자 하였다. 이 책은 화약 원료 제조서이다.

임진왜란이 끝난 후 정부는 군사 훈련에 힘을 쏟는 한편, 시급한 군사학 서적의 부족을 보완하기 위해 앞의 『기효신서』 외에도 『손자』, 『진서(陣書)』, 『무경칠서(武經七書)』 등의 서적을 간행하였다. 또한 화약 원료 제조서인 『신전자초방(新傳煮硝方)』, 각종 화약 병기 및 군대 용어를 기록한 『신기비결』 등도 간행하였다.

3) 국가 정체성과 역사 서술의 강조

17세기 출판물의 세 번째 특징은 서적 출판에서 역사 서술이 강조되고 있는 점이다. 이것은 국가 정체성의 확립 의도 속에서 진행된 것이라 할 수 있다.

전쟁의 후유증으로 『조선왕조실록』까지도 대부분 소실되고 말자 『실록』의 복구에 주력하였다. 동시에 왕실에 관계된 『국조보감』을 계속 편찬하였고, 『열성지상통기(列聖誌狀通紀)』를 새로 편찬하기 시작하였다.

그리고 일반 역사서도 다양하게 간행되었는데, 대표적인 저술로 『여사제강(麗史提綱)』(1637~1640년 저술)을 들 수 있다. 이 책은 서인에 속했던 유계(兪棨)가 인조 대에 대청주화론을 배척하다가 유배생활을 보내던 시기에 저술한 역사서인데, 자강(自强)·자치에 대한 신념과 대신(大臣) 주도의 정치 이념이 투영되어 고려사를 강목체(綱目體)로 재구성한 것이다.[38] 이 책의 간행은 그의 사후 3년 뒤인 1667년에 이루어졌다. 숙종 때 영의정 김수항은 『여사제강』을 널리 보급하자고 주장한 바 있다.

"이 책은 한결같이 『강목』을 준거하였으므로, 규모가 정밀한 데다가 자세하고 소략한 바가 적중하여 감계하는 방책이 있으니, 더욱 절실합니다. 마땅히 영남으로 하여금 간출하여 널리 배포하게 하소서." [39]

17세기에 쓰여진 역사서는 이외에도 영남 남인이었던 홍여하(洪汝河)와 근경남인(近京南人)이었던 허목(許穆)의 저술이 있다. 홍여하는 최초로 정통론을 도입하여 기자 → 마한 → 신라로 이어지는 고대사의 정통체계를 내

〈그림 2-14〉 허목 초상

허목은 대사헌, 이조 참판, 우의정 등을 역임했고, 송시열에 반대하여 청남파의 영수가 되었다. 그는 단군 이래의 고유 혈통과 고유 문화를 존중하는 입장에서 고대사를 재평가하는 저술을 하였고, 여기에서 나온 것이 『동사(東史)』이다.

_출처: 『조선시대 초상화 I』

38) 한영우, 『조선후기 사학사 연구』(서울: 일지사, 1998), p.89.
39) 『실록』, 숙종 7년 3월 11일.

세워『동국통감제강(東國通鑑提綱)』을 쓰고, 고려사를 동아시아 세계사의
정통체계 속에 재구성하여『휘찬여사(彙纂麗史)』를 썼다. 허목은 색다른
고대사 서술 체계를 수립했는데, 강목사학(綱目史學)의 유행을 배격하고 단
군 이래의 고유 혈통과 고유 문화를 존중하는 입장에서 고대사를 재평가한
것이다. 여기에서 나온 것이『동사(東史)』이다.

역사서 서술에서도 서인과 영남 남인의 주장은 다음과 같이 다르게 나타
남을 알 수 있다.[40] 남인 홍여하는 군주의 권위를 높이고 도덕적 명분을
중요시한 반면, 서인 유계는 대신의 역할과 국정 연혁을 중요시하고 있다.
홍여하는 존화양이(尊華攘夷)의 명분에 충실한 반면에, 유계는 존화양이의
입장을 가지면서도 자치·자강의 측면을 더 중요시하는 태도를 보인다. 한
국 연기(年紀)를 중국 연기보다 먼저 쓰는 것 등이 그것을 말한다. 어쨌든
붕당정치가 전개되던 17세기에는 역사 서술에서도 붕당을 대변하는 다양성
이 드러나고 있는 것이다.

한편, 역사적 사례를 수집하여 엮은 대표적 서적으로『황극경세서동사보
편(皇極經世書東史補編)』을 들 수 있다. 이 책은 왕이 경계할 선례를 모은
것인데, 신익성이 편찬하여 왕에게 올린 것이다. 책을 받은 인조는 "경이
바친 새 책은 실로 내가 거울삼아 경계해야 할 좋은 선례들이니, 의당 유신
으로 하여금 교정해서 간행하도록 하겠다."고 답하였다.[41]

조선시대에 역사적 사례는 국가 정책을 결정하는 근거로 삼았기 때문에,
역사 서술에 대해서는 엄정하게 관리하였다. 역사서에 잘못이 나올 경우
그 책임을 묻고 수정할 것을 지시하는 기사가『실록』에 자주 등장한다.[42]

---

40) 한영우, 앞의 책.
41)『실록』, 인조 22년 7월 28일.
42) 한 예로 다음 기사가 있다. "『여사제강』의 말편 별록에 주자의 말을 잘못 기록한
　　 것이 있었으므로, 임금이 말하기를, '주자는 송나라 사람인데, 어떻게 미리 고려가
　　 망할 것을 알았겠는가. 이것은 곧 중국 사람이 고구려를 고려라고 일컬었으므로 여기
　　 에 잘못 기록한 것이다.' 하고, 판본을 삭제해버리라고 명하였다."(『실록』, 영조 25년
　　 5월 13일).

2. 민간 출판물

민간출판물은 그 종류를 보면 상업적 목적으로 발행한 책 곧 방각본이 있고, 서원이나 사찰에서 발행한 서원판본 또는 사찰판본이 있으며, 그 밖에 개인적으로 발행한 사가본(私家本)이 있다. 그리고 김만중이나 허균의 저술처럼 민간의 저술이지만 판원이 제대로 알려지지 않은 경우도 있다.

따라서 여기에서는 민간 출판물 전반을 고려하여, 그 전체적 특성을 다음의 네 가지로 나누어 설명하고자 한다. 첫째, 백과사전류 출판의 강세, 둘째, 실용성의 강조, 셋째, 효율적인 지식 전달과 축약본 출판, 넷째, 새로운 세계의 비전과 저술 활동이다.

1) 백과사전류 출판의 강세

17세기 민간 출판물의 첫 번째 특성은 백과사전류가 중심을 이루고 있다는 것이다.[43] 즉, 하나의 분야에서 통일된 주제를 가지고 집중적으로 탐구해 들어간 단행본이 아니라, 모든 분야에서 중요하다고 생각되는 사항들을 사전 형식으로 분류 배열하여 해설해 놓은 백과사전 또는 그와 같은 기능을 하는 서적들이 큰 비중을 차지하고 있다.

대표적인 책으로 『사문유취초(事文類聚抄)』를 들 수 있다. 이 책은 송나라 축목(祝穆)과 원나라 부대용(富大用) 등이 편집한 『사문유취』를 줄인 책인데, 천(天), 계절, 토(土), 황제, 인(人), 과거 및 관직, 불교 등 다양한 내용들이 실려 있다. 이러한 각 주제에 따라 정의를 내리고, 저자 및 명인(名人)들에 대한 설명이 따른다. 그 다음, 주어진 주제에 대한 산문과 운문체의 유명한 작품을 소개하고 있다. 따라서 이 책은 백과사전의 기능과 유명한 문학 작품의 단편 모음집 역할을 동시에 하고 있다.[44]

그리고 권이생이 엮은 『사요취선』이 있는데, 중국 역사상 제왕을 비롯한

---

43) 백과사전류 출판의 강세에 대해서는 부길만, 「17세기 한국 방각본 출판에 관한 연구」, 『출판잡지연구』 제10호(2002), pp.81-82 참조.
44) 모리스 쿠랑 지음, 이희재 역, 『한국서지』(서울: 일조각, 1994), pp.210-211.

정치 행정의 지도자들뿐만 아니라 성현과 명문장가, 나아가 열녀, 갑부, 변사, 이단자에 이르기까지 각계의 역사적 인물들을 총망라한 역사 인물사전이라 할 수 있다.

또한 17세기에 나온 문학서로서 『대명률시』와 『고문진보』가 있는데, 이역시 어느 한 작가나 주제를 다룬 서적이 아니라, 명나라의 율시 또는 전국시대부터 송대까지의 유명 시와 각종 명문들을 엮어낸 시문선집으로서 당시로서는 일종의 문장 백과사전과 같은 기능을 한 것으로 생각된다.

이와 같은 서적들은 모두 과거 공부에 매우 유용하게 활용될 수 있었기때문에 당시 지식인들에게 큰 호응을 얻었을 것으로 생각된다. 또한 상업출판을 담당하는 출판인의 입장에서도 아직 시작 단계이므로, 출판을 통하여 정밀한 이론이나 학문을 내세우기보다는 우선 계몽적 역할을 하는 것에더 큰 비중이 주어진 때문이 아닌가 한다.[45]

2) 실용성의 확대

17세기 민간 출판물의 두 번째 특성은 정부 출판물의 특성과 같은 맥락으로서 실용적 목적의 저술과 독서가 강조되고 있는 점이다.[46]

이것은 한국 출판문화사에서 진일보한 것으로 평가해야 할 것이다. 왜냐하면, 조선 왕조에서는 정부가 주도하여 많은 활자를 주조하고 서적을 간행하는 사업을 하였지만, 널리 민간인들에게 알리기보다는 수십 부 또는 100부 이내라는 극히 소량의 서적을 발간함으로써 극소수의 사람들이 돌려보는 것에 그치고 말았다. 열람보다는 장서로서의 보관을 더 중요시했다고도할 수 있다. 그러나 이제 실용성이 강조되고, 보관보다는 실제적인 독서가중요시되기 시작함으로써 서적은 보다 많은 사람들에게 유통되어 나가기시작했다고 볼 수 있다. 이러한 것은 농업 서적 같은 경우 더욱 그러하였다. 특히 『구황촬요』 같은 책의 경우 17세기 후반에 이르러 정부가 책의

---

45) 부길만, 『조선시대 방각본 출판 연구』(서울: 서울출판미디어, 2003), p.56.
46) 민간 출판물에서의 실용성에 대해서는 부길만, 앞의 논문, p.82 참조.

내용대로 시행하는지 고을의 담당 관리에게 인쇄·보급의 책임을 묻게 할 정도로 활용 가치가 높은 책이 되었다.

나아가, 출판 또는 독서에서의 실용성은 과거 공부에 도움이 된다는 단순히 개인적 실용성도 중시하였지만, 동시에 이제는 국가적으로 기근이라는 위기를 극복하기 위한 구체적인 실천 지침이요 방안으로서 활용할 것을 정부 차원에서 강조할 정도로 발전한 것이다. 실용성의 강조는 『구황촬요』에서 극도로 강조되고 있지만, 『농가집성』의 경우에도 그와 같은 정부 정책 차원의 실용성을 그대로 담고 있는 것이다. 이러한 실용성의 강조는 실학사상이 대두되기 시작한 17세기 한국의 사회적 분위기와도 같은 맥락이라고 볼 수 있다.

3) 효율적인 독서와 축약본 발행

17세기 민간 출판물의 세 번째 특성은 효율적인 독서를 위한 축약본의 발행이다. 축약본의 발행은 민간 출판물에서보다 정부 출판물에서 먼저 시작한 것으로 볼 수 있다. 주자학의 필독서인 『주자대전』 같은 경우, 발췌 또는 축약판을 만들어 널리 보급하여 읽히고자 한 것이다. 아니 축약본을 만들어내는 일 자체가 주자학 연구요 국가 이념의 중요한 전파 사업으로 간주할 정도였다.

민간 출판물에서 축약본의 의미는 서적의 내용 자체에 대한 정확성이나 경전으로서의 권위보다는 독자의 이해가 더 중요시되기 때문으로 볼 수 있을 것이다. 따라서 중국에서 나온 방대한 서적을 그대로 간행하는 것이 아니라 민간인들이 읽기 편하게 다이제스트판을 만들어 보급하는 것이다. 『사요취선』, 『동의보감초』, 『사문유취초』 등은 대표적인 축약본이라 할 수 있다.

그런데 특기할 사항은 축약·편집 과정에서 편자의 주관이 강하게 들어가면서 원본과 다른 서적이 나오게 된다는 점이다. 전형적인 예로 『명심보감초』(明心寶鑑抄, 1664년 간행)를 들 수 있을 것이다.

『명심보감초』는 1393년 명나라 초기 사람인 범입본(范立本)이 편저한 『신간대자명심보감(新刊大字明心寶鑑)』 원본 중에서 가려 뽑은 책이다. 편자인 범입본은 어떤 인물인지 알려지지 않고 있다. 단지 범입본이 쓴 서문에 의하여 책의 목적이 선을 권하기 위한 것이었음을 확인할 뿐이다. 『명심보감』은 '마음을 밝히는 보배로운 거울' 이란 책 제목이 보여주듯 좋은 명구들을 선현들의 가르침과 각종 서적에서 발췌하였다.

『명심보감』에서 강조하는 점을 몇 가지 열거해보면, 첫째, 하늘에 순응해야 한다는 안분수명(安分守命), 둘째, 수신제가치국평천하(修身齊家治國平天下)의 원칙론, 셋째, 선을 행하는 자는 하늘이 복을 준다는 천(天)의 섭리, 넷째, 자기 반성과 인간본연의 양심의 보존을 통한 숭고한 인격 도야 등을 들 수 있다.[47]

그러나 구체적으로 살펴보면, 중국에서 범입본이 편찬한 『명심보감』과 한국에서 초략한 『명심보감초』와는 그 내용상에서 다음과 같은 차이가 나타난다.[48]

〈그림 2-15〉『명심보감』

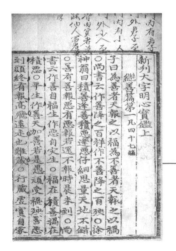

『명심보감』의 뜻은 '마음을 밝히는 보배로운 거울' 이란 뜻으로서, 좋은 명구들을 선현들의 가르침과 각종 문헌에서 발췌하였다. 한국에서는 이 책이 권선서 차원의 수용에서 그치지 않고 주자학과 밀접한 관계를 가진 서적으로 정착되었다.

---

47) 김세한, 「조선조 초학(初學) 교재 연구」, 『漢文學散藁』(1991), p.354.
48) 김동환, 「초략본 명심보감의 간행 경위와 그 내용」, 『서지학연구』 제18집(1999), p.183.

범입본은 유가사상(儒家思想)을 근간으로 하고 도가(道家)와 불가(佛家)의 사상을 과감히 수용하는 삼가융합적인 입장에서 책을 편집하였다. 즉 원본 『명심보감』에는 본문 중에서 불가의 내용을 담고 있는 문장이 모두 36장에 이르고 있으며, 도가의 사상을 나타내고 있는 문장은 102장에 달하고 있어 전체 본문 가운데 이들이 약 18퍼센트를 점유하고 있다. 반면에 초략본의 경우는 불가 4장, 도가 34장만을 본문으로 수록하고 특히 불가(佛家)의 사상을 내포하고 있는 문장을 대폭적으로 삭제하였음을 엿볼 수 있다. 다만, 불가와 도가에서 나온 문장이라 해서 이들을 모두 삭제한 것은 아니고 유가의 사상에 위배되는 내용을 담고 있지 않는 경우는 이들의 일부를 수용하여 본문으로 채택하였다.

한국에서는 『명심보감』이 권선서 차원의 수용에서 그치지 않고 주자학과 밀접한 관계를 가진 서적으로 정착시켰다. 즉, 중국과 일본은 주자학과 양명학을 필요에 따라 동등하게 수용한 데 반해, 한국에서는 주자학을 중심으로 수용된 것과 관계가 있다.49)

4) 새로운 세계의 비전과 저술 활동

17세기 민간 출판물의 네 번째 특성은 사회개혁 사상 및 새로운 세계의 비전 제시를 위한 저술 활동을 담아내고 있는 점이다.

전술했듯이, 17세기는 위기의 시대이자 역사적 변동기였다. 우선은 전쟁의 피해 복구에 힘을 쏟던 시기이지만, 동시에 조선 왕조의 지배질서가 본격적으로 변화되기 시작하던 시기이기도 하다. 이러한 지배질서의 변화와 수정은 적극적으로 보면 결국 조선 왕조 지배질서의 무너짐으로 이해될 수 있으며, 또 왕조의 지배 질서뿐만 아니라 더 나아가서 한국사에서 중세적인 지배질서의 무너짐으로 이해될 수 있다.50)

---

49) 성해준, 「동아시아의 〈명심보감〉 연구-중국·한국·일본 사회에 미친 영향을 중심으로」, 『퇴계학과 한국문화』 제36호(경북대학교 퇴계학연구소, 2005), p.427.

50) 최완기, 『테마로 읽는 조선의 역사』(서울: 느티나무, 2000), p.47.

전쟁과 기근으로 민생이 피폐해지고 국가 재정이 파탄난 가운데, 납속과 공명첩이 횡행하면서 신분제 질서가 붕괴되기 시작하였다. 이런 가운데 많은 지식인들은 사회개혁을 위한 이론을 창출하고자 노력하였고, 새로운 세계에 대한 비전을 저술로써 제시하고자 하였다.

여기에서 우선 실학자들의 저술에 주목해야 할 것이다. 17세기 초 이수광은 『지봉유설』을 통하여 개혁사상을 전파하고자 하였다. 1614년 간행된 『지봉유설』은 천문·역학·지리·역사·제도·풍속·종교·문예 등 3,435개의 항목을 설명한 백과사전 성격의 책이다. 이수광은 이 책을 통해 토지 개혁, 상업의 육성, 해외 통상의 필요성 등을 주장했으며, 서양 문명을 소개했다.

또한 실학자 유형원은 철학, 역사, 지리, 병법 등 다양한 분야의 책을 저술했으나 전해지지 않고, 대표 저서인 『반계수록』만 전해진다. 20여 년에 걸쳐 저술한 『반계수록』(1673년)은 조선의 정치, 경제, 문화 등 각 분야에 걸쳐 최초로 체계적인 개혁안을 내놓았다. 즉, 과거제를 폐지하고 인재를 올바로 등용해야 하며, 각종 세금을 가볍게 하고, 농민에게 토지를 나누어 주어 농민 겸 군인으로 육성할 것을 주장했다.

〈그림 2-16〉 『반계수록』

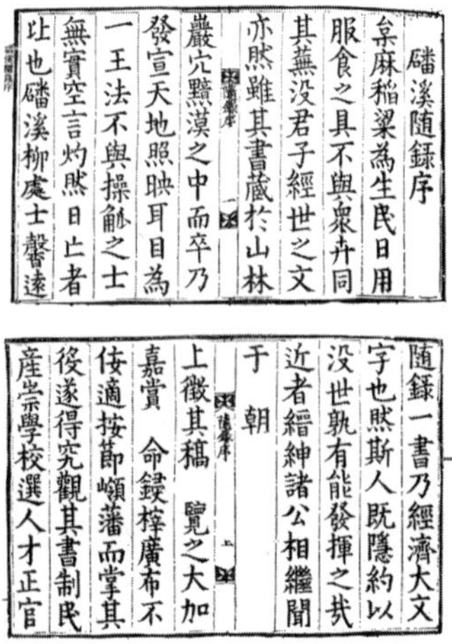
磻溪隨錄序
枲麻稻粱為生民日用
服食之具不與衆卉同
其蕪没君子經世之文
亦然雖其書藏於山林
巖穴黯漠之中而卒乃
發宣天地照映耳目為
一王法不與操觚之士
無實空言灼然日亡者
比也磻溪柳處士馨遠

隨錄一書乃經濟大文
字也然斯人既隱約以
没世孰有能發揮之者
近者縉紳諸公相繼聞
于 朝
上徵其稿 覽之大加
嘉賞 命鋟梓廣布不
佞適按節嶺藩而掌其
役遂得究觀其書制民
產崇學校選人才正官

실학사상의 선구자인 유형원이 지은 책으로 조선의 정치, 경제, 문화 등 각 분야에 걸쳐 최초로 체계적인 개혁안을 담고 있다. 이 책은 조선시대 사회경제나 제도사 연구에 귀중한 자료로 활용되고 있다.

강만길은 실학이 백과전서적 학문경향을 가지고 있었으며 이는 성리학 중심의 전통적인 학문체계에 대한 도전이었다고 주장한다. 실학사상가들은 백과전서적 학문을 펼쳐나감으로써 성리학이 가지고 있던 절대적 지위에 도전하며 다른 학문분야의 가치를 종전의 성리학과 대등한 수준으로 향상시키고자 했던 것이다.51)

문학에서도 새로운 경향이 나타났다. 이러한 경향은 창작정신의 변화를 통해서 감지될 수 있다. 이 시기에는 민중들이 문학의 창작자와 독자층으로 발돋움하기에 이르렀으며, 양반 지식인들도 민중의 희로애락을 묘사하고 사회에 만연된 비리를 척결하기 위한 작품들을 창작해내기도 했다.52)

대표적인 작품으로 허균의 『홍길동전』을 들 수 있을 것이다. 양반의 신분주의를 비판한 허균은 내란죄로 처벌받았고, 그의 작품은 사후에도 금서로 묶였다. 그의 시선집(詩選集)인 『국조시책』도 그가 죽은 지 80년쯤 뒤 전라감사 박태순(朴泰淳)이 펴냈는데, 1700년(숙종 26) 8월 전라도 유생 오언석(吳言錫) 등 300여 인이 성토하고 일어나 박태순은 파직되고 판본은 훼파되었다.53)

한편, 1689년 김만중은 『구운몽』을 창작했다. 이 작품은 김만중이 유배된 뒤 홀로 있는 어머니를 위로하기 위해 쓴 한글소설이다. 정병설은 이러한 애정소설이 나오게 된 배경은 17세기 후반 한국은 물론 동아시아에서 공히 일정한 수준의 도시화와 상업화가 이루어진 데에서 찾고 있다. 즉, 도시와 상업의 성장은 유흥문화와 출판문화를 성장시켰고, 그 기반 위에서 소설 특히 애정소설이 대표 장르로 부상하였다고 보는 것이다.54) 결국 『구운몽』 출간은 17세기 사회 변동기의 산물이라 할 수 있다.

51) 강만길, 『한국근대사』(서울: 창작과비평사, 1990), p.157.
52) 위의 책, p.164.
53) 신양선, 앞의 책, pp.99-100.
54) 정병설, 「17세기 동아시아 소설과 사랑」, 『관악어문연구』 제29집(2004), p.122.

제4절 소결

한국의 17세기는 임진왜란의 끝에서 시작한다. 조선은 임진왜란에서 일본 군대의 침략은 물리쳤지만, 이로 인해 겪은 피해는 실로 엄청나게 컸고, 그 사회적 영향도 막대했다. 조선 왕조는 그대로 유지되었지만, 중세의 신분제 질서는 크게 흔들리기 시작했다. 더욱이 임진난 이후 일어난 후금의 침입 곧 정묘호란과 병자호란의 여파는 그 변화를 더욱 촉진시켰다. 그러나 조선 정부는 붕당정치의 구조 속에서 무능과 정쟁이 횡행한 가운데, 주자학 이데올로기만을 강화하기에 바빴다.

또한 17세기 조선은 전쟁과 함께 밀어닥친 기근과 전염병 때문에 최악의 상황을 견디어내야 했다. 그러나 적극적인 농지 개발과 부세제도의 개혁 등으로 17세기 말엽 비교적 사회 안정을 이룰 수 있었다. 사상적으로는 경직된 분위기 속에서도 중국 서적이 유입되면서 양명학, 노장사상 등 다양한 사상 조류가 소개되었고, 사회개혁사상으로 실학사상이 등장하게 되었다.

한국의 출판 상황은 임진왜란 이후 극도로 악화되었다. 모든 서적과 활자 및 인쇄기구들이 약탈 및 파괴를 당한 것이다. 전후 인쇄사업의 재건을 위하여 훈련도감에서는 목활자를 주조하여 사용하였다. 또한 주자학 일변도의 사회 분위기 속에서도 사회 비판 소설과 사회개혁사상 곧 실학이 등장했다. 여기에는 당시 정부에서 억제했기 때문에, 비밀리에 또는 불법적으로 유입되었던 중국 서적의 영향도 작용했다.

또한, 한국에서도 늦게나마 사회적 생산력이 증대되면서 상품화폐경제가 생겨나기 시작하였고, 이는 방각본 출판을 활성화시키는 계기로 작용하였다. 그리고 17세기 한국 출판에서 특기할 만한 사실은 기근, 전염병, 전쟁 등 국가적 위기를 서적의 발행·보급을 통하여 해결하고자 하였고, 역사적으로 상당한 성과를 이루어냈다는 점이다.

17세기 한국 출판물의 경향이나 특성을 살펴보면, 유학 관련 서적, 그중에서도 주자학 서적이 단연 강세를 보이고 있다. 같은 유교 경전이라도 주자와 다른 해석을 내리면 사문난적이라 취급하고 박해를 가했다. 『명심보감』의 전파과정에서 보여지듯이, 똑같은 책이라도 한국에서 간행되는 경우에는 주자학 사상에 적합한 내용으로만 채워졌다. 또한, 농서, 의학서, 군사학 도서 등 현실 극복 또는 실생활에 필요한 실용서들이 활발하게 간행되었는데, 이것은 정부 출판물에서나 민간 출판물에서도 마찬가지였다.

17세기 한국의 출판은 중국이나 일본에 비할 때, 미약한 것으로 드러난다. 그것은 무엇보다도 수차례의 전쟁과 그 후유증, 그리고 기근과 전염병이라는 시대적 상황에서 오는 불가피한 현상이라 보아야 할 것이다. 게다가 주자학이라는 경직된 이데올로기에 대한 집착은 명·청 교체기라는 급변하는 국제 환경 속에서 제대로 대응하지 못한 채, 금속활자의 발명과 활용, 한글의 창제와 출판사업 등 전 시대에 쌓아 올렸던 출판문화의 화려한 성과들을 더 이상 지속시키지 못하였다. 그러나, 『농가집성』, 『신간구황촬요』, 『동의보감』, 『기효신서』 등 농업, 의학, 군사 분야의 실용서적 발간을 통하여 위기 극복에 나선 것은 출판문화사적으로도 중요한 의의를 지닌다고 볼 수 있다. 또한, 민간 차원에서는 양명학을 소개하고 실학사상을 저술하면서 새로운 비전을 제시하려 한 것은 다음 세기를 준비하였다는 데에서 의의를 찾을 수 있을 것이다.

제3장

17세기 중국의 출판문화

중국의 17세기는 번영과 혼란, 창조와 위기가 혼재하던 시기였다. 안으로는 16세기부터 시작된 정치적 혼란이 명왕조의 통치력을 흔들고 있었고, 밖으로는 북쪽의 이민족과 남쪽의 왜구가 침입하며 한족(漢族)의 지배체제를 위협하고 있었다.

그러나 이러한 혼란과 위기에도 불구하고 16세기 중후반에서 17세기에 이르는 시기는 창조적 문화의 시대였다. 특히 본 장에서 다루고 있는 출판문화의 역사에서 이 시기는 이른바 대량출판이 시작되는 하나의 획기적인 전기(轉機)였다. 이것은 눈부신 상업경제의 발달이라는 기반 위에서 가능한 일이었는데, 경제력이 뒷받침되는 가운데 인쇄출판은 이전의 어느 시기보다 풍부하고 다양하게 전개되었다. 또 폭발적으로 성장한 중국의 출판문화는 전쟁과 밀무역, 조공(朝貢)과 통상(通商)이라는 공적(公的)·사적(私的) 국제관계를 통해서 동아시아의 인접국으로 확산되었다. 본 장에서는 이처럼 중국뿐 아니라 동아시아 범위에서도 중요한 위치를 차지하고 있는 17세기의 중국 출판문화의 특징을 고찰하고자 한다.

제1절 시대적 배경: 명말(明末)의 정치적 위기와
명·청(明淸) 왕조 교체

17세기 중국의 출판문화가 명말의 정치·사회적 혼란 속에서도 폭발적으로 성장할 수 있었던 이유는 무엇이며, 그것은 왕조 교체를 겪으면서 어떻게 변모하였을까? 전쟁과 무질서의 격동기를 거치면서도 단절 없는 발전을 이룰 수 있었던 비결은 무엇이며, 청조(淸朝)에 의해서 다시 새로운 사회질서가 자리 잡혀 나갈 때 출판문화가 수행한 역할은 어떤 것이었을까?

17세기 중국 출판문화가 가지는 특징은, 이러한 질문에 대한 답변을 찾아나갈 때 자연스럽게 그 모습을 드러낼 것이다. 본 절에서는 이상의 질문에 해답을 찾기 위해서 17세기 중국이 처했던 정치·경제·사상·대외관계의 상황에 대해 고찰하고자 한다. 네 가지 측면에서 17세기는 어느 것 하나 급속한 변화를 맞이하지 않은 것이 없었는데, 결과적으로 그러한 불안정성이 오히려 출판문화를 다양하고 풍요롭게 해주는 자극제가 되었다.

먼저 정치적인 면에서 17세기에는 환관의 정치농단이 심각한 문제를 낳고 있었으며, 이들에게 반대하다가 중앙정계에서 쫓겨난 지식인들이 재야에서 비판적 여론을 형성하고 있었다.

명왕조의 통치가 환관(宦官)에 의해서 농락당하기 시작한 것은 16세기 초 정덕제(正德帝, 1491~1521)의 재위시절부터였다. 도술(道術)과 방탕한 생활에 빠져 정사(政事)에는 관심이 없던 정덕제를 대신해서, 어린 시절부터 그를 보위했던 유근(劉瑾) 및 팔호(八虎)라고 불리웠던 8명의 환관이 전권을 장악하고 반대파 관료들을 숙청하였다. 유근은 정덕제의 재위기간 내에 처형당했지만 유근의 정치농단은 중국의 관료제도가 효율적인 통치력을 상실하고 있었음을 보여주는 사건이었다.

만력제(萬曆帝, 1563~1620)의 재위기간에는 환관의 폐해가 중앙정계뿐 아니라 전국에 미쳤는데, 조정의 재정적자를 타개하기 위해서 황제가 전국 각지에 환관을 대거 파견하여 은광(銀鑛)을 개발하고 세금을 신설하여 은(銀)을 수집하려 했기 때문이다. 이 과정에서 황제의 칙서(勅書)를 가진 환관들의 폭정이 전국에 걸쳐 있었고 이러한 폐해를 견디지 못한 백성들의 민란이 속출했으며 환관이 살해당하는 등 정치사회적 혼란이 가중되었다. 이 무렵부터 중앙정계에서 밀려난 관료와 학자들이 재야에서 세력을 결집하여 환관과 반대투쟁을 벌이기 시작하였는데, 17세기 초에 동림당(東林黨)을 결성한 인물들이 대표적이었다. 이들은 강소성(江蘇省) 무석(無錫)에 있는 동림서원(東林書院)을 중심으로 활약했기 때문에 '동림당'이라고 불렸다.

그러나 1644년 명조가 멸망할 때까지 환관의 정권농단은 그치지 않았다. 천계연간(天啓年間, 1605~1627) 동림당과 치열하게 정치투쟁을 벌였던 환관 위충현(魏忠賢)은 환관 전횡의 극을 보여주는 사례로서 유명하다.[1]

이상의 혼란 속에서 문화적 헤게모니는 중앙보다 지방에서 장악하게 되었다. 특히 남경(南京)은 중앙정계에서 밀려난 지식인들이 모여 학문토론을 진행하고 조정에 대한 비판적 여론을 형성하는 구심점이 되었다.[2] 남경 이외의 강남의 주요 도시들도 전통적으로 문인관료들을 배출해 온 지식인들의 가향(家鄕)으로서, 환관의 전횡을 비판하는 여론형성에 동참하고 있었다. 재야의 지식인들은 현실의 정치문제에 대안을 제시하지 못하는 주자학의 경직성을 비판하였고, 저술과 강학활동을 통해서 정치개혁의 필요성을 주장하였다.[3] 이렇듯 문인들이 강남의 여러 도시에서 활동하게 되자 학문과 문화의 새로운 경향은 재야에서 발생하고 확산되기에 이르렀다.

청조가 중원(中原)을 정복하고 새로운 정치질서를 확립해 나가고자 할 때 꼭 해결해야 했던 문제 가운데 하나는, 바로 재야에 분산된 학문적·문화적 헤게모니를 어떻게 조정(朝廷)이 회복하느냐 하는 것이었다. 잘 알려진 바대로 청조는 회유와 탄압을 병행하면서 한인(漢人) 지식인들이 가진 문화적 권위를 만주족(滿洲族) 정부의 통제 아래 두고자 노력했다. 이러한 과정에서 출판은 유용한 수단이 될 수 있었다.

---

1) 丁易, 『明代特務政治』(北京: 中外出版社, 1951) 3장 참조.
2) 謝國楨, 『明末淸初의 學風』(上海: 上海書店出版社, 2004), pp.6-7.
3) 何宗美, 『明末淸初文人結社硏究』(天津: 南開大學出版社, 2003), pp.141-142, p.145.

경제적인 면에서 17세기는 전례 없는 성장을 누린 시기였다. 이러한 성장은 상업경제의 발달에서 시작되었다.

16세기에 이르러 농가의 수공업은 상인 자본이 관여하면서 가내수공업의 단계를 벗어나고 있었는데, 예를 들어 면직물 생산의 경우 원료수집과 제품 생산, 상품유통 등의 과정이 분업화·전업화되어 작물의 상품화가 진행되고 있었다. 16세기를 통하여 이러한 경향은 다른 원자재를 대상으로 확산되었고, 그 결과 강남의 여러 도시에서 면직업(綿織業), 견직업(絹織業), 차업(茶業), 도자기산업, 소금산업, 염색업, 담배산업, 약재산업, 목재산업 등의 상업경제가 발달하게 되었다.[4] 남경(南京), 송강(松江), 소주(蘇州), 항주(杭州), 휘주(徽州) 등은 산업의 중심도시로 발달하였고 이러한 지역의 상인들은 혈연집단의 지원을 받으면서 다른 지역으로 진출하였으며 소금 전매 등을 이용하여 국가재정에도 관련을 맺게 되었다. 그 결과 전국을 상대로 산업과 유통을 장악하는 대상인이 탄생하였는데 가장 유명한 것은 휘주상인으로서, 강남의 모든 상업도시에 상점과 전당포를 운영할 정도였다.[5]

대상인의 출현과 도시의 발달은 도시를 중심으로 하는 소비문화의 발달을 야기했다. 행락이 번성하고 뱃놀이나 연극관람 등의 사치스러운 여가활동이 유행했다. 전통적으로 지식인들이 누려왔던 취미생활, 이를테면 골동품의 수집과 감상, 서예와 문인화(文人畵)의 제작 등의 활동을 상인도 누리게 되면서 문인 문화의 저변이 확대되었다. 도시의 소비가 커지자 도시로 유입되는 인구도 늘어났다. 상업경제 발달의 혜택을 누리지 못하는 농촌의 사람들은 도시로 흘러들어 소비문화를 부양하는 각종 서비스업에 종사하였다. 이러한 변화는 17세기 출판문화의 성장을 지원하는 경제적·사회적 기반이 되었다.

그렇지만 사상적인 면에서 17세기는 위태로운 시기였다.

---

4) 陳學文, 『明淸時期太湖流域的商品經濟與市長網絡』(浙江: 浙江人民出版社, 2000), pp. 10-22, pp.38-39.

5) 기시모토 미오, 미야지마 히로시 지음, 김현영 외 譯, 『조선과 중국, 근세 오백년을 가다』(서울: 역사비평사, 2003), p.154.

명 중기에서 명말까지 약 1세기 이상 지속된 정치혼란은 조정(朝廷)의 도덕성에 결정타를 입혔다. 청렴한 관료들과 유학자들이 숙청당하거나 쫓겨나는 상황에서 넓은 학문적 지식과 엄격한 수련을 통해 궁극의 진리, 즉 이(理)에 도달할 수 있다고 설파하는 주자학의 이론은 설득력을 잃었다. 정치적 혼란과 경제적 번영, 불안과 사치스러움의 일상이 교차하는 위태로운 시대였던 명말에는 마음을 억누르고 수양을 강조하는 주자학의 교리가 일반 백성들은 물론이고 학자들의 심정을 대변해 줄 수 없었다. 이때 주자학을 대신하여 사람들의 일상 속에 빠르게 전파된 사상이 양명학(陽明學)이었다.

양명학의 시조인 왕수인(王守仁, 1472~1529)은 환관 유근을 반대하다가 귀양살이를 해야 했던 관료이자 유학자였다. 그가 혹독한 유배지였던 귀주(貴州)의 변경에서 깨달음을 얻었다는 것은 익히 잘 알려진 사실이다. 왕수인은 외면적인 규범들이 인간 본연의 본성을 억압해서는 결코 학문적으로나 사회적으로 진리를 터득할 수 없다고 생각했다. 그 대신 모든 사람들이 진정으로 자신의 본성과 대면하여, 마음 깊은 곳에 선천적으로 타고난 본성을 발현시키게 되면 충과 효, 정의로운 마음, 도덕심 등은 자연스럽게 실현되고 궁극적인 진리를 터득하는 상황에 도달할 수 있다고 주장했다. 즉, 양명학의 정신은 누구나 선천적으로 도덕을 가지고 태어나므로 모든 사람은 성인(聖人)에 필적하는 도덕적인 존재라는 것이다. 따라서 일반 백성들도 마음속에 타고난 선한 마음을 발현시키면 누구나 성인(聖人)이 될 수 있다고 설파하였는데, 타고난 직분(職分)을 강조하는 유학의 입장에서는 매우 반동적인 사상이었고, 주자학의 교조주의에 지친 명말의 사람들에게는 환영받는 주장이었다.6)

이상은 17세기 출판문화의 전개에서 매우 중요한 사실이다. 인쇄출판은 기술적 발전과 경제력의 성장이라는 조건이 만족되지 않으면 발전할 수 없는 사업이지만, 이 두 가지 요소를 만족시켰다고 해도 서적을 통해 이루고자 하는 목표, 새로운 시대를 갈망하는 정신이 없다면 다채롭게 발달하기

---

6) 위의 책, p.166.

어려운 사업이기도 하다. 정치적 혼란과 양명학의 발달은 17세기 인쇄출판에 새로운 정신을 불어넣었다. 중앙정계에서 밀려난 지식인들이 재야에서 정치여론을 형성하거나 조정(朝廷)을 대신해서 문화적 헤게모니를 발휘하였다고 앞에서 언급한 바 있는데, 인쇄출판의 헤게모니도 재야의 지식인들이 가지고 있었다고 볼 수 있다. 지식인들의 적극적인 참여에 의해서 민간출판, 특히 상업출판이 한층 풍부하게 발전할 수 있었다. 또 인욕(人慾)을 긍정하고 심정(心情)의 자연스러운 발로를 추구하는 양명학은 주자학의 틀에 갇혀 있던 풍속을 변화시키고 서적을 다양하게 만들었다. 주자학적 수양과 교육을 위한 텍스트의 범위를 넘어서, 취미생활용 서적, 애정소설을 비롯한 오락용 서적 등을 생산하고 향유하는 데 이론적 근거가 되었다. '문아(文雅)'한 주자학의 입장에서 보자면 '비속(卑俗)'한 통속서적이 유행하게 된 것인데 이러한 풍조에 서민들뿐 아니라 지식인들도 적극 가담했다. 이것은 중국의 출판문화사상 가장 새로운 현상이었다.

대외관계 면에서 보자면, 17세기는 더욱 위태로운 시기였다.

앞에서 서술했던 정치혼란과 주자학의 위기가 명왕조의 통치를 내부에서 위협하는 요소였다면, 16세기 중반부터 극성이었던 왜구의 침략과 북쪽 이민족의 침략은 명왕조의 존립을 위협하는 외부의 요소였다.

16세기 중반부터 활동했던 왜구를 가정왜구(嘉靖倭寇)라고 하는데 가정연간(1521~1566)에 가장 극심한 피해를 입히며 활동했기 때문이기도 하지만, 이전 시기 단순한 해적행위를 일삼던 왜구와 구별하기 위해서도 그렇게 부른다. 사실상 이들은 은(銀)을 확보하기 위해 밀무역에 뛰어든 국제적 해상무장 세력이었다. 당시 명조는 해금정책(海禁政策)을 고수하고 있었기 때문에 동남아시아에서 중국해를 거쳐 일본에 이르는 바닷길에서 활동하는 민간세력들은 정부의 감시를 피해 밀무역에 종사할 수밖에 없었다. 따라서 이름은 왜구였지만 여기에는 중국남부 사람들도 상당수 포함되어 있었고 밀무역을 통해 부를 얻는 지방 세력자들과도 긴밀하게 결탁되어 있었다.[7]

---

7) 이재정, 「嘉靖 後期 福建 沿海地域의 倭寇·海寇와 地域支配構造」, 『전통문화연구』 4

17세기 대외문제에서 명조를 괴롭힌 것은 북방 이민족들의 남하였다. 이전 시기부터 몽골의 남하와 여진족의 침략으로 위기가 느껴지던 변방(邊防) 문제는 누르하치(奴兒哈赤)가 여진부족을 차례로 통일해 나가자 가장 시급한 현안으로 떠올랐다.[8] 동북지역, 즉 요동(遼東) 지역의 정세는 신속하게 내지(內地)로 전달되었고 요동수비와 직접 관련이 없는 사람들도 북방변경의 문제에 대해 논의하기 시작했다. 이러한 사실이 출판문화사상 중요한 이유는 각종 변경안정책, 변경방위에 대한 논의를 다룬 서적이 출현하였기 때문이다. 특히 이러한 문제를 다루는 민간출판서적이 대거 등장했다는 것은 대외정책 및 변방(邊防) 논의가 대중적으로 확산되었다는 것을 의미한다. 출판의 발달과 서적의 대중적 확산에 의해서 기존에는 정부의 보고서나, 지배층의 내부에서만 진행되었을 논의가 하층 지식인, 혹은 일반 서민들 사이에서도 이루어지게 되었는데, "누구나 병법가(兵法家)가 된 것처럼 모이기만 하면 변경방어책에 대해 논했다"라는 말이 나올 정도로 변경방위에 대한 논의가 유행하게 되었다.[9]

1616년 여진족을 통일한 누르하치는 후금(後金)을 건립하여 명나라를 더욱 압박하였고, 1636년 대청(大淸)으로 국호를 바꾼 만주족 왕조는 1644년 만리장성의 동쪽 끝인 산해관(山海關)을 뚫고 진격하여 마침내 중원(中原)의 새로운 주인이 되었다.[10]

세련된 체제와 이데올로기를 가졌으며 풍부한 문화와 경제력을 가진 중화제국(中華帝國)이 척박한 동북지역에서 성장한 신생의 이민족(夷民族) 왕조에게 몰락당한 일은 전통시대 중국의 정치사상 가장 극적인 사건으로 평

(1996) 3장.

8) 명대 요동을 둘러싼 명조의 정책 및 국제관계에 대해서는 남의현, 『명대요동지배정책연구』(강원대학교출판부, 2008) 참조.

9) 向燕南, 「明代北塞军事危机与边镇志书的编纂」, 『中州学刊』 151期(2006年 1期), p.15.

10) 명청교체의 과정과 만주족 왕조의 성공적 통치완성에 대해서는 Frederic Wakeman, *The great enterprise: the Manchu reconstruction of imperial order in seventeenth-century China* (Berkeley: University of California Press, 1985) 참조.

가된다. 뿐만 아니라 북경 정복 이후에도 만주족 왕조는 반세기 이상 한족 지식인의 거센 반항에 직면했고 수많은 순국과 변절을 낳았다는 점에서, 또 통치가 안정된 이후에도 청 왕조는 한족의 중화사상(中華思想)과 투쟁해야 했으며 이러한 어려움에도 불구하고 18세기 전통시대 최고의 번영을 이룩했다는 점에서 중국의 문학과 예술에 강한 영감을 심어주었다. 자연히 명청의 왕조 교체를 다룬 수많은 소설과 연극이 등장했고 명조의 몰락원인을 규명하거나 명조를 기억하고자 하는 역사서가 편찬되었다. 명청교체 시기를 겪었던 사람들은 새로운 시대를 염원하거나 개혁안을 저술했고, 새로운 왕조의 부름에 응하지 않고 평생 재야에 남아 명 왕조에 충성을 다하며 생을 마감했던 사람들에 대한 일대기가 출현했다.11)

한편 청조는 정복전쟁을 수행하면서 동시에 안정적인 통치를 이룩하기 위하여 한인 학자들을 우대했다. 화이사상(華夷思想)에 사로잡힌 지식인들이 청조에 비협조적이었음에도 불구하고 회유와 탄압을 병행하며 각종의 편찬사업도 진행하였다. 이러한 일련의 정책들은 청초 강희제(康熙帝, 재위기간 1662~1722)의 치하에서 시작되었는데, 그 결과 17세기 말이 되면 서서히 정치사회적 질서가 회복되었을 뿐 아니라 학문과 문화도 안정적으로 발달하기 시작했다.12) 이러한 과정에 인쇄출판이 중요한 역할을 담당했음은 물론이다. 이처럼 명청교체는 출판문화사에서도 하나의 획기적인 사건이었다.

---

11) Frederic Wakeman Jr., "Romantics, Stoics and Martyrs in Seventeenth-Century China," *Journal of Asian Studies* XLIII, 1984.8, Preface.
12) 강희제의 출판진흥에 대해서는 Spence, Jonathan, *Ts'ao Yin and the K'ang-hsi Emperor: bondservant and master* (New Haven, Yale University Press, 1966); Silas H. L. Wu, *Communication and Imperial Control in China; Evolution of the Palace Memorial System, 1693-1735* (Cambridge, Mass.: Harvard University Press, 1970) 참조.

제2절 17세기 중국의 출판 상황

1. 명말 상업경제의 발달과 독서의 대중화

앞에서 언급했던 경제력의 상승과 소비문화의 발달은 출판문화에도 영향을 주었는데, 가장 중요한 변화라고 할 수 있는 것은 이전 시기까지 지식인에게 점유되어 있었던 서적이 서민에게도 공유되면서 독서의 대중화가 이루어졌다는 사실이다. 이러한 과정에서 주요 독자층으로 부상한 사람들은 상인이다.

상인들이 주로 읽는 서적은 통속 문학서였다. 『삼국지연의(三國志演義)』, 『수호지(水滸志)』, 『서유기(西遊記)』, 『금병매(金瓶梅)』 등의 장편소설이 명 중기 이후 크게 유행했다는 것은 잘 알려진 사실이다. 이러한 소설들은 쉽게 읽을 수 있도록 구어체로 쓰여졌고 장정도 호화롭게 만드는 것이 보통이었다. 편수도 많고 표지도 화려하게 만든 장편소설은 비싼 가격 때문에 경제적인 여유가 있는 사람이 아니라면 구입해 보기 어려웠다. 17세기 초의 서적은 싼 편이 아니었는데, 특히 장편의 경우는 비싼 편이었다. 예를 들어, 또 다른 인기소설인 『봉신연의(封神演義)』 한 세트의 가격은 쌀 276근(斤)을 살 수 있는 금액으로서, 이것은 당시 일반 인쇄공의 한 달 월급에 해당하는 금액이었다. 관료(官僚)의 월급으로 환산해보면, 7품의 지방관이었던 지현(知縣)의 월급의 3분의 1, 도서 관리를 담당하는 9품의 중앙관료의 월급의 반에 해당하는 상당한 금액이었다.[13] 대지주이거나 대상인이 아니라면 자유롭게 구입하기 어려운 비싼 가격임이 틀림없다. 그러나 부유한 상인이 독자가 되자 출판업자들은 고가(高價)여서 팔리지 않을 것을 염려하지는 않았다. 대상인의 사치스러운 기호를 충족하기 위해서 화려하게 마감

---

13) 袁逸, 「明代書籍價格考」, 宋原放主 編, 『中國出版史考』(湖州: 湖北教育出版社, 2004), p.524.

한 통속 서적들을 계속 출판하였던 것이다.

일반적으로 상인은 상업거래를 위해서 기본적인 문자 해득능력을 가지고 있기 마련이다. 그러나 명말의 상인들은 단순히 거래문서의 해독과 작성이 가능한 수준이 아니라, 자신의 경영비결을 후세대에 전달하고 안정적으로 유통망을 확장시키기 위한 전문 서적을 출판할 정도의 능력을 가지고 있었다. 예를 들면, 상인용 안내서『천하수륙노정(天河水陸路程)』의 출판사정이 그러하다. 이 책은 휘주상인 황변(黃汴)이 20여 년간 전국을 누비며 상업활동을 하면서 얻은 각종의 정보와 경험을 총망라한 것이다. 북경과 남경 및 13개의 지방정부 소재지를 잇는 주요 도로의 노정에 대해 설명하고, 수륙 각 도로의 분기점과 도로를 따라 설치된 역참에 대한 정보를 제공하고 있다.

이 책은 16세기 말에 초판(初版)된 이래 17세기를 통하여 수종의 형태로 재판(再版)되거나 중수(重修)되었다. 예를 들어, 현재 일본의 전전존경각(前田尊經閣)에 소장되어 있는 8권 본은 1617년 남경에서 출판된 것인데 원본의 형태를 잘 보존하고 있다는 평가를 받는다.

1633년 복건에서 출판된 것은『객상일람성미(客商一覽醒迷)』와 합쳐서 출판되었다.『객상일람성미(客商 一覽醒迷)』는 상업활동의 경험을 소개하고 상인들을 훈계하는 내용으로, 복건상인 이진덕(李晉德)이 지은 것이다. 1633년 판본은 양절본(兩折本)으로 구성되어 있다. 양절본(兩折本)이란, 서적의 한 면을 윗 칸과 아랫 칸의 두 부분으로 나누어 각 칸에 다른 내용을 인쇄하여 출판한 서적을 말한다. 윗 칸에는『객상일람성미(客商一覽醒迷)』를, 아랫 칸에는『천하수륙노정(天河水陸路程)』을 각각 인쇄하였다.[14]

유사한 책의 출판으로도 이어졌다. 1626년에 출판된『천하노정도인(天下路程圖引)』은 명대 수륙도로 100개를 모아 소개하고 각 도로 위의 역참시설, 역참 간의 거리, 각 지역의 숙박시설과 특산물, 풍광 등을 자세히 소개

---

14) 楊正泰校注,『天河水陸路程(等)』(山西: 山西人民出版社, 1992), pp.1-3, p.256, pp. 513-514.

한 안내서이다. 이러한 서적은 상업활동을 위한 전문 안내서였지만 일반인이 읽는다면 교통과 여행정보, 여러 지역의 특산물에 대한 정보를 알 수 있는 정보서적이 되었다.

직업상 자주 다른 지역으로 장거리 여행을 떠나는 상인은 가는 곳마다 반드시 의학과 산술 계통의 기술서적과, 이문(異聞)과 단편소설 등의 가벼운 읽을거리를 가지고 가거나 구입해 왔다.[15] 상인들이 다니는 도시마다 이러한 서적을 읽는 독자들이 존재했기 때문에 가능한 일이다.

후술하겠지만 독자층의 저변이 확산되었다는 증거는 과거(科擧)에 응시하기 위해 보는 수험용 서적의 종류에서도 찾을 수 있다. 명말에는 빠른 과거합격을 원하는 수험생의 숫자가 폭증함에 따라 이들의 요구에 부응한 과거수험용 참고서들이 대거 출판되었다. 예를 들어, 1623년에 『신의과장급출제지원맥(新擬科場急出題旨元脈)』이라는 수험서가 출판되었는데, 이 책의 제목은 '과거시험에 자주 출제되는 핵심문제들에 대한 새로운 해석'이라고 할 수 있다. 그런데 이 책은 구어체인 백화문(白話文)으로 쓰여졌다. 경서(經書)는 고사하고, 경서(經書)를 요약·해설하는 참고서조차 읽을 수 없어서 백화문으로 쓰여진 수험서적을 읽는 수험생들이 존재했다는 것은 이전 시기까지는 전혀 서적에 접근할 수 없었던 정도의 지식수준을 가진 사람들까지도 독자층으로 편입되었다는 것을 보여준다.[16]

2. 인쇄기술의 발달과 대량출판의 시대

17세기 초반의 출판문화에서 가장 괄목할 성과는 눈부신 상업경제의 번영 위에서 가능했던 민간출판의 발달이다. 명초(明初)에는 영락제(永樂帝, 재위 1402~1424)의 문교사업에 따라 『사서오경대전(四書五經大全)』, 『영

---

15) 井上進, 『中國出版文化史』(京都: 名古屋大學出版社, 2002), p.268.

16) 井上進, 위의 책, pp.330-331.

락대전(永樂大典)』 등의 편찬이 활발하게 진행되었으나 15세기 중반 이후 정부의 출판은 현저하게 쇠퇴하였고, 민간출판, 특히 상업출판이 눈부시게 성장하여 정부출판의 공백을 메꾸었다. 인쇄출판이 본격적으로 진행된 것은 송대(宋代)의 일이었지만 명말에는 일반서민들까지도 서적의 수요층으로 부상함으로써 17세기에 이르러 이른바 '대량출판의 시대'가 열렸다. 여기에서 말하는 대량이란, 지난 시기와 단절감을 느낄 정도로 갑작스럽고 폭발적으로 출판량이 증가했음을 의미하는 말이다.17) 16세기 말에서 17세기 초 어떠한 상황이 이러한 대량출판의 시대를 가능하게 했을까?

당시 인쇄출판이 획기적으로 발전할 수 있었던 것은 앞에서 언급해 왔던 경제력의 상승뿐 아니라, 출판기술의 발달이라는 기술적 측면에서의 이유와 대량의 서적을 원하는 사회적 측면에서의 수요가 있었기 때문이다. 따라서 17세기의 출판상황을 고찰하기 위해서는 대량출판을 가능하게 했던 인쇄기술의 특징 및 사회적 수요에 대해서 지적해야만 할 것이다.

중국 출판문화사를 설명할 때 흔히 사용되어 온 방법 가운데 하나는 유럽의 그것과 비교하는 것이다. 일찍부터 출판문화사 연구방법이 축적되어 온 서구의 탐구방법을 빌려서 중국 출판문화사에 대한 방향을 제시하는 것인데, 서구학자들이 시작한 연구방법이다. 초기 연구에서는 단순히 두 세계의 기술을 비교하는 것에서 그쳤으나,18) 오랜 기간의 연구가 축적된 결과 유럽과는 다른 중국적 특색을 강조하는 데에 이르고 있다. 최근까지의 진행된 연구 성과를 살펴보면 다음과 같다.19)

우선 동활자 인쇄가 주류를 이루었던 유럽에 비해서 중국은 목판인쇄가 우위를 점했다. 목판인쇄는 재료의 운송이 어렵기 때문에 우선적으로 재료

---

17) 오오키 야스시/노경희 역, 『명말 강남의 출판문화』(서울: 소명출판, 2007), p.29.

18) Thomas Francis Carter, *The invention of printing in China and its spread westward*(1925/1950. 姜順愛·宋日基 공역, 『인쇄문화사』(서울: 아세아문화사, 1995) 이후의 연구의 시각이 그러했다.

19) Cynthia Brokaw, "On the History of the Book in China," *Printing and Book Culture in Late Imperial China* (Berkeley: University of California Press, 2005), pp.3-54.

를 구할 수 있는 지역을 중심으로 출판중심지가 형성되었다. 즉 판각(版刻)에 유리한 부드러운 목재가 많은 곳에서 출판이 발달한 것이다. 복건(福建)의 건양(建陽)이 바로 그러한 곳이다. 활자와는 달리 목판에 새겨진 글자를 조각하기만 하면 되는 것이므로 인쇄공들에게는 식자(識字)능력이 요구되지 않았다. 오히려 조각능력이 더 중요했는데, 전통적으로 예술적 조각이 발달했던 휘주(徽州)에서 우수한 인쇄공이 많이 배출되었던 이유이기도 하다. 값싸고 부드러운 목재가 풍부하고 조각기술이 축적되어 있었던 도시에서 출판은 흥성할 수 있었다.

대량출판의 또 다른 요인으로는, 유럽에는 없던 과거제도(科擧制度)와 인구증가가 서적에 대한 사회적 수요를 증가시켰기 때문이라고 할 수 있다. 인구증가 자체가 서적의 수요를 늘린 것은 아니지만 과거(科擧)가 원칙적으로 사민(四民)에게 열린 제도였으므로 사회경제력이 상승하자 과거(科擧)에 도전하는 인구도 함께 증가했고 결국 서적의 수요증가로 이어졌다. 서적의 수요는 늘었어도 인구가 함께 늘었기 때문에 출판에 필요한 노동비는 낮은 수준을 그대로 유지할 수 있었다.

인쇄된 언어에 대해서 살펴보면, 종교개혁 이후 각 지역의 방언으로 기록된 출판물들이 유럽 출판계의 우위를 점했던 것에 비해 중국은 통일된 문자와 이 문자를 활용할 수 있는 충분한 지식인층이 존재했다는 특징이 있었다. 중국의 문어체(文語體)는 방언(方言)이나 백화(白話) 등에게 헤게모니를 양보한 적이 없었다. 그렇다고 이것이 서적문화를 통일시킨 것은 아니다. 문자의 통일성아래 지방언어의 다양성, 장르의 다양성 등이 존재했다. 방언이나 백화로 쓰여졌다고 해도 완전히 대중에게 읽힐 수 있는 정도는 아니었다. 과거(科擧)를 통과할 수 있는 일부와 그렇지 못한 대다수 중국인들 사이에 문화적 간격은 17세기뿐 아니라 20세기까지도 존재했다.

마지막으로 정부의 역할에 큰 차이가 있었다. 중국정부는 출판업 운용의 중요한 주체였다. 그러나 유럽과는 달리 출판을 장악하려는 어떠한 법적 조치와 제도가 마련된 적이 없었다. 이것은 서적의 의미 자체가 유럽과 다른 것에도 원인이 있다. 중국의 서적은 저자 한 명에 편집자·교열자·출판

인, 등등 여러 명이 함께 참여하는 경우가 일반적인데다, 저술도 창작보다
는 고인(古人)의 저술을 발췌해서 모은 선집이 많다. 따라서 판권개념이 처
음부터 모호했다고 할 수 있다.

이외 목판인쇄술이 중국의 다양한 서법(書法)을 표현하는 데 더 적당했
으며 또 단단한 각판(刻版) 때문에 생산비를 절감할 수 있었고, 저장이 간단
하고 재판(再版)도 손쉽게 가능했기 때문에 목판인쇄는 17세기 이후 줄곧
중국 인쇄출판의 우위를 차지했다.[20]

3. 양명학(陽明學)의 유행과 '이단' 서적

이러한 기반 위에서 시작된 대량출판의 시대는 단순히 출판량만 많아진
것이 아니었다. 전통적으로 출판되어 왔던 서적 이외의 전혀 새로운 종류
의 서적들이 대량으로 출판되기 시작하였는데, 이를 테면 구어체로 쓰여
진 장편소설이나 반(反)유교적 인물평 등이 그것이다. 정치사회적 혼란과
경제적 번영 사이에서 불안한 시기를 보내고 있었던 명말의 사람들에게,
인욕(人欲)을 긍정하고 사람들의 마음속에 자리 잡은 본성에 귀 기울이려고
노력하는 양명학이 유행하였음은 앞에서 서술한 바 있다. 이러한 사상적
변화에 힘입어 17세기 출판계는 정통유교의 입장에서 보자면 '이단' 적이
고 학문을 타락시키는 존재라고 규탄할만한 서적들이 쏟아져 나오게 된 것
이다. 말하자면, 대량출판의 시대에 중국서적의 세계는 기존의 틀로는 담아
낼 수 없는 완전히 새로운 단계로 성장한 것이었다.[21]

'이단' 적 서적이란 주자학의 위상을 위태롭게 만드는 모든 서적을 의미
한다. 가장 직접적으로 주자학을 공격했던 것은 양명학 관련 저술이었는데,

---

20) K. T.Wu, "Chinese Printing under Four Alien Dynasties(916~1368)," *Harvard Journal of Asiatic Studies*, 13-3·4(1950.12), pp.449-450.

21) 井上進, 앞의 책, p.250.

특히 극단주의자였던 이지(李贄, 1527~1602)의 저술은 이지가 민심을 교란
시킨다는 명목으로 옥사(獄死)하였음에도 불구하고 인기가 높았다. 이지가
해설을 붙인『수호지』는 독자들의 수요가 끊이지 않았기 때문에 수차례에
걸쳐 출판되었다.

정통 주자학자들은 인간의 욕망을 긍정적으로 서술하고 선정적인 장면
을 적나라하게 묘사한 통속문학 작품들이 풍속을 문란하게 만드는 위험한
서적이라고 한탄했지만 명말에 출판되었던 소설과 희곡에는 본문의 내용을
생생하게 보여주는 삽화까지 삽입되어 독자들에게 인기는 더욱 높았다. 이
렇게 정교한 삽화가 통속문학 작품에 들어갈 수 있었던 이유는 판화기술이
발달했기 때문이다. 17세기 출판의 눈부신 성과로 거론되는 것 가운데 하
나가 바로 판화라고 할 만큼 명말청초에는 다양한 판화기술이 발달했다.[22]

거기에 유가(儒家)의 정설을 따르지 않는 여러 사상가들의 서적이 유행
한 것도 주자학의 위기를 심화시키는 현상이었다. 일찍이 송대(宋代)에도
제자백가(諸子百家)의 서적이 신흥 사대부들의 관심을 받은 적이 있었으나
그것은 어디까지나 지적 관심의 대상으로서 탐구된 것이지 철학적 관심에
서 읽혀진 것은 아니었다. 그러나 명말에는 제자서 가운데에서도 특히 이
단적이라고 할 수 있는『묵자(墨子)』도 여러 번 중간(重刊)이 되어 사대부
와 일반학자들 사이에서 독서의 대상으로 인식됨으로써 주자학의 도덕적
위엄에 손상을 입혔다.[23]

후술하겠지만 17세기에는 각종의 과거(科擧) 수험용 참고서가 출현하였
는데, 이것도 주자학의 권위에 손상을 입히는 서적이었다. 수험용 서적이
유행하게 되자 경서(經書) 자체를 공부의 대상으로 삼지 않고 수험서를 통해
간단하게 시험에 필요한 지식을 얻으려는 지식인들이 늘어났기 때문이다. 심
지어『사서삼경(四書三經)』이 무엇인지도 모르는 지식인이 있을 정도로 17세

---

22) K. T.Wu, "Ming Printing and Printers," *Harvard Journal of Asiatic Studies* 7
    (1943-3), pp.206-207.
23) 井上進, 앞의 책, p.342.

기 수험서에 대한 의존도가 높았는데, 일부의 수험서는 불교나 도교의 용어
를 이용하거나 양명학적 시각에서 경서의 문구를 설명하는 등, '이단'적
사상이 주자학의 영역을 침범하면서 주자학의 위상은 흔들리게 되었다.

이러한 모든 상황이 출판에 의해서 가속화되었음은 물론이다. 전통적으
로 지식인들은 교감(校勘)이 정확하지 않다는 이유로 출판된 서적이 지나치
게 많아지는 것을 경계하였는데 명말의 지식인들은 인쇄본의 증가에 대해
서 비판적이지 않았다.

4. 출판도시의 발달과 전업작가의 성장

17세기 출판의 중심지는 송대(宋代) 이래의 출판 전통이 있던 곳이었다.
대표적으로 복건(福建)의 도시 건양(建陽)을 들 수 있다. 송대에는 건양이
아니면 민간의 출판 자체가 불가능했다고 말할 정도로 출판에서 건양이 차
지하는 위상은 높았다.[24) 민간출판의 명맥이 근근히 이어지던 15세기까지
이러한 상황은 크게 변함이 없었다. 그러나 16세기 말에 이르러 건양 일색
이었던 출판 상황에 커다란 변화가 생겼다. 건양은 변함없이 민간출판의 중
심이었지만, 이외에도 주요한 출판중심도시가 부상한 것이다.[25)

16세기 말~17세기 초엽에 걸쳐 출판물을 가장 많이 생산하는 지역은 복
건의 건양이었다. 그러나 복건본은 교정이 바르지 않고 종이 또한 저열한
것을 사용하였기 때문에 질적인 면에서는 최하품이었다. 질적으로 가장 우
수한 출판물을 생산하는 곳은 소주(蘇州)와 상주(常州)였으며 남경(南京)과

---

24) 中砂明德, 『江南 - 中國文雅の原流』(東京: 講談社, 2002), p.75.

25) 이러한 변화에 대해서 직접 관찰을 하고 기록을 남긴 사람은 명말의 지식인 호응린
(胡應麟, 1551~1602)이다. 호응린은 1576년 지방시험인 향시(鄕試)를 통과하였지만
평생 학문연구과 저술활동에 주력했던 학자로서 4만여 권의 장서를 보유한 장서가로
도 유명한 인물이다. 본문에서 언급된 그의 기록은 중국의 대량출판 시대에 대한 연
구에서는 반드시 거론될 만큼 기본적인 자료이다. 胡應麟, 『少室山房筆叢』, 「經籍會
通」4(上海: 上海書店出版社, 2001), pp.41-42.

항주(杭州)가 그 뒤를 따르고 있었다. 특히 남경은 출판의 전통이 없으나 새롭게 출판 중심지로 부상한 곳이었는데, 외지의 서적이 모여드는 곳, 즉 서적의 집산지였다. 당시 서적의 집산지로는 남경 이외에도 북경·소주·항주 등이 있었다.

그렇다면 이러한 출판도시에 어떠한 사람들이 모여 어떠한 종류의 서적을 출판했을까? 이하에서는 남경(南京)을 통해서 17세기 출판도시의 특징을 고찰해보고자 한다. 출판의 새로운 경향뿐 아니라 출판업자와 작가들의 연합 등, 여러 가지 측면에서 남경은 대량출판 시대의 특징을 대표적으로 보여주는 도시였다고 할 수 있다.

남경은 원래 명조의 수도였으나 1421년 영락제(永樂帝)의 북경천도 이후에는 수도의 지위는 잃었다. 그러나 남경은 제2의 수도로서 경제와 문화 방면에서는 언제나 중요한 지위를 차지했다. 특히 명말, 조정의 정치력이 약화되기 시작하자 남경은 재야 지식인이 모여들어 정치적 의견을 피력하는 곳이 되어 정치적으로도 다시 중요한 도시가 되었다.

경제적인 면에서 남경의 성장은 우선 15세기 이후 강남지역을 중심으로 빠르게 진행되었던 상업화와 도시화의 맥락 위에서 이해해야 한다. 각 지방지(地方志)의 기록에 따르면 1425년 당시 강남지역에는 남경을 중심으로 크고 작은 도시 33개가 번영하고 있었고 특히 북경과 항주를 잇는 '대운하(大運河)'에 연접하고 있던 도시들, 즉 북경·남경·소주·항주 등은 대도시로 비약적인 발전을 이룩하고 있었다.[26] 그러나 다음 표에서 보듯이, 강남의 대도시 가운데 남경만이 특별히 규모가 큰 도시는 아니었다.

---

26) 명말 강남도시의 발달과 남경의 경제적 번영에 대한 사료는 『(洪武)京城圖志』, 『(正德)江寧縣志』1, 이상 北京圖書館古籍珍本叢刊24, 史部(北京: 書目文獻出版社, 1988); 『(萬曆)應天府志』, 四庫存目叢書 史部 203; 『(嘉慶)新修江寧府志』, 續修四庫全書 695. 연구자료는 劉石吉, 『明淸時代江南市鎭硏究』(北京: 中國社會科學出版社, 1987); 唐代史硏究會編, 『中國都市の歷史的硏究』(唐代史硏究會報告 第4集, 1988); 오금성, 「명청시대의 강남사-도시의 발달과 관련하여」, 『중국의 강남사회와 한중교섭』(서울: 집문당, 1997); 河勝守, 『明淸江南市鎭社會史硏究: 空間と社會形成の歷史學』(臺北: 韓美書籍, 2004) 등을 참고.

〈표 3-1〉 1578년 남·북경 및 강남 주요지방 인구[27]

	북경(順天府)	남경(應天府)	양주(揚州府)	소주(蘇州府)	송강(松江府)	상주(常州府)
가구(戶)	10만 1,134	14만 3,590	14만 7,200	60만 755	21만 8,359	25만 4,460
인구(人口)	70만 6,861	79만 513	81만 7,856	201만 1,985	48만 4,414	100만 2,779

게다가 남경은 북경과 마찬가지로 송대 이후의 출판업의 전통도 없던 도
시였다. 이러한 남경이 명말에 이르러 전국 출판업과 서적유통의 중심지로
번영을 누렸던 것은 남경의 특별한 위상 때문이다. 즉 남경은 삼국시대 오
나라가 수도를 정한 이후 육조(六朝)의 수도가 있었던 정치문화의 중심지로
서 오랫동안 문화적 헤게모니를 가지고 있었던 도시였을 뿐 아니라, 명대에
는 수도에 버금가는 위상을 가진 도시였다.[28]

남경에서 전술한 바와 같은 화려하고 문인(文人)의 기풍을 가진 오락물
출판이 유행했던 이유는 남경의 지식인 문화와 관련이 있다. 후술하겠지만
남경이 가진 문화적 생명력 때문에 다른 지역의 인사들이 남경으로 진출하
게 되었는데, 특히 다른 성(省) 출신 출판업자들의 진출이 주목된다. 잡극
(雜劇)과 희곡(戲曲), 판화(版畵) 출판으로 유명한 다른 성(省)의 서상(書商)
들이 남경으로 진출하여 분점을 개설하였고 남경의 출판업자들과 협력출판
에 나섰다.[29]

---

27) 『明史』卷40, 「地理」1.
28) 명말 출판업과 서적유통의 중심지로서 남경에 대한 연구는 張秀民, 『中國印刷史』(上
海: 人民出版社, 1989.9) 남경부분; 蕭東發 編, 『板本學研究論文選集』(臺北: 書目文獻
出版社, 1995), 남경부분; 兪爲民, 「明代南京书坊刊刻戏曲考述」(『艺术百家』1997年
4期); 繆永禾, 『明代出版史稿』(江蘇: 人民出版社, 2000), 남경부분; Lucille Chia, "Of
Three Mountains Street; The Commercial Publishers of Ming Nanjing," *Publishing
and Book Culture in Late Imperial China* (UC Berkeley, 2005) 참조.
29) 方彦壽, 「明代刻書家熊宗立術考」(『文獻』1987-1); 沈新林, 「李漁金陵事迹考」上·下
(『南京師大學報』1993年 2期·1994年 2期); 鐘明奇, 「李漁:一個有作爲的書坊主與編
輯家」(『復旦學報』1995年 4期); 袁逸, 「作爲出版商的李漁」(『出版發行研究』2000年 11

또 남경은 전국에서 가장 큰 규모의 향시(鄕試)가 치러지는 도시였고 시험 때가 되면 전국에서 모여든 수험생들로 도시가 가득 찼기 때문에 과거(科擧) 수험용 서적을 비롯하여 지식인들을 대상으로 하는 출판이 발달하기 좋은 조건을 갖추고 있었다. 그리하여 남경에는 전국을 상대로 하는 서적시장이 성립될 수 있었다. 지식인들만 남경으로 모여든 것이 아니라 이들을 상대하기 위한 서적상인도 모여들었다. 대표적으로 송대 이래 출판업의 중심지였던 복건의 상인들도 남경으로 진출해서 분점을 경영하거나 남경의 서적상인들과 협동으로 서점을 운영하였다. 즉 남경은 서적문화와, 서적을 매개로 한 지식과 정보의 유통 중심지로 발돋움하게 되었다.

서적상인들이 생기기 시작했던 남송시대, 서적매매의 중심지는 남송의 수도이자 현재의 항주인 임안(臨安)과 출판의 중심지였던 건양(建陽)이었다.[30] 15세기까지 복건의 출판량이 전국에서 가장 많았기 때문에, 출판이 침체된 가운데에서도 전국의 서적상인들이 모여드는 서적시장도 복건에 성립되었다. 복건에서는 매월 초 6일간의 서적전문시장이 열릴 정도였다. 이러한 사례는 기타 어느 지방에서도 볼 수 없었던 것이며, 선덕연간(宣德年間, 1426~1435) 곡부(曲阜)에서 서적을 구할 때조차 사람을 복건지역에 파견할 정도였다.[31]

명말 남경에서 영업했던 서점은 총 93가(家)가 밝혀져 있다. 이 가운데 가장 많았던 서적상인은 당씨 일족(唐氏一族), 그 다음은 주씨 일족(周氏一族)으로, 이들 거대 서적상인이 사실상 남경의 출판업을 거의 장악하고 있었다.[32]

남경에서 서점이 밀집해 있던 거리는 삼산가(三山街)였다. 삼산가는 남경의 가장 번화한 상업지구였고, 삼산가와 가까운 진회하(秦淮河) 근처에는 향시(鄕試)가 치러지던 공원(貢院)이 있어서 수험기간이 되면 전국에서 수

期); 葉樹聲 · 余敏輝, 『明淸江南私人刻書史略』(合肥: 安徽大學出版社, 2000).

30) 周寶榮, 『宋代出版文化史硏究』(中州古籍出版社, 2003), pp.80-84.

31) 張秀民, 『中國印刷史』(上海: 上海人民出版社, 1989), p.377.

32) 張秀民, 앞의 책, pp.343-352.

험생들이 몰려들었다. 게다가 부근에 기원(妓院)이 있어서 수험기간이 아니더라도 과거(科擧)를 준비하던 문인(文人)들이 몰려 독특한 소비문화를 형성하고 있었다. 따라서 자연스럽게 삼산가에 서적상인과 서점들이 밀집하게 되었다. 그 외 남경성 북쪽에 위치하고 있었던 태학(太學) 앞에도 서점거리가 형성되어 있었다. 남경의 가장 번화한 남쪽 상업지역에 위치했던 삼산가(三山街)는 주로 통속서적을 위주로 한 서점거리였고, 북쪽의 국자감(國子監) 근처는 상업지구가 아니기 때문에 오락위주의 통속서적보다는 과거 응시류의 서적이 당연히 많았을 것이며 서점형태도 고정적인 서점보다는 유동적인 서탄(書攤), 즉 서적노점상이 훨씬 많았을 것으로 추정되고 있다.[33]

이러한 상황에서 다른 성의 서적상인들이 남경으로 모여들었음은 전술한 바와 같은데, 특히 남경에 분점을 내고 활발하게 활동했던 외지의 서적상인은 전통적으로 민간출판의 경험을 가지고 있던 복건의 서적상인들이었다.[34] 남경이 복건의 출판업과 서적교역에서 하나의 통합된 지역을 형성하고 있었다는 것은 대중적 수요가 높은 서적을 빠르게 공급할 수 있고 두 지역의 협동에 의해서 판각비용도 절약할 수 있다는 점에서 두 지역의 서적상인 모두에게 유리한 일이었다. 명말 유서(類書)가 유행하는 가운데 남경 시직시정에서 주로 팔리는 유서는 복건에 비해 일상생활용 백과전서는 거의 없고 대부분 작문(作文)과 작시(作詩)에 사용될 만한 시문부(詩文賦) 모음집 출판이 주류를 이루었다.[35]

명말청초를 거친 후인 1670년대 삼산가의 서점에는 남경성 내부의 독자를 상대로 영업을 하는 소매서점 "문시서방(門市書坊)"과, 외지에서 온 서적상인들을 상대로 하는 도매서점 "태객서방(兌客書坊)"의 두 가지 서점이 존재하고 있었다.[36] 태객서방은 승은사(承恩寺) 거리에 위치하고 있었고

33) 汪燕崗, 「明代中晚期南京書坊和通俗小說」(『南京社會科學』 2004年 2期), pp.58-59.
34) 蕭東發, 『中國圖書出版印刷史論』(北京: 北京大出版社, 2001), pp.164-165.
35) Lucille Chia, "Of Three Mountains Street; The Commercial Publishers of Ming Nanjing," *Publishing and Book Culture in Late Imperial China* (Berkeley: University of California Press, 2005), pp.133-134.

이곳은 도매서점으로 명성이 나 있었기 때문에 다른 성에서 온 서적상인들이 거래하기에 편리하였는데, 이로써 명말보다는 위축되었지만 청초에 이르러서도 서적상인들이 여전히 활발하게 활동하였으며 전국적 서적시장으로서의 남경의 위상이 그대로 유지되고 있었음을 알 수 있다.

남경에는 수도 북경과 똑같이 육부(六部)를 비롯한 주요 관청이 설립되어 있었고 관원(官員)도 보유하고 있었다. 여기에 응천순무(應天巡撫), 지부(知府), 지현(知縣) 등의 지방관원들이 부가되어 다수의 현직관료들이 상존하는 도시였다. 지방관원을 제외한 남경의 관리는 실권이 없는 명예직이었지만 명말 여진의 침략으로 북방의 사무가 긴박해지고 관직이행이 평탄치 않게 되자 많은 관료들이 남경으로 부임하고 싶어 했다. 또 남경에는 각급 관리 이외에도 수많은 퇴직관료, 신사와 지주, 상공업자들이 모여들었는데 역시 명말 정치적 혼란과 대외위기의 압박 속에서 남경으로 흘러들어오는 사람의 숫자는 늘어갔다.[37]

만력연간 환관의 전횡으로 문인에 대한 핍박이 시작되자 강남의 재야에 북경정부를 비판하는 정치세력들이 결집했는데, 이러한 상황 속에서 남경의 문화적 가치는 더욱 높아졌다. 정계에서 활약하지 못하는 지식인들이 출판업과 관계하면서 독특한 산인(山人)문화를 형성했음은 익히 지적된 바이다. 남경은 이러한 문인(文人)들이 모여서 시부(詩賦)를 나누고 오락을 즐기는 교류의 장이었으며 재야의 정치토론이 이루어지는 장소였다.[38] 다른 지역의 출판업자들은 이러한 남경으로 진출했고 이곳에서 출판업을 할 경우에는 금릉판(金陵版)이라는 것을 꼭 내세웠는데, 금릉은 남경의 다른 이름이다.

남경 출판업은 강남 여러 지역의 출판업자와 저술업자들의 합작으로 한층 풍요로워졌다. 16세기 말~17세기 중반까지 수십 년간 호주(湖州)와 흡현

---

36) 井上進, 앞의 책, p.243.

37) 吳應箕, 『留都見聞錄』卷下, 「官政」, 「時事」, 「公署」, 貴池唐人集本 178(上海: 上海書店, 1994).

38) F. Wakeman Jr., ibid, (Journal of Asian Studies, Vol.635).

(翕縣)의 각공(刻工)이 남경과 소주(蘇州)일대로 대거 이주하면서 남경·소주·상숙지역의 서점이 일시에 홍성했다.39) 원래 남경은 명초에 수도로 계획된 도시였다. 홍무연간(洪武年間, 1368~1398) 강남지역에서 부호(富戶)들을 남경으로 폭넓게 이주시켜 새로운 거주민으로 만드는 것은 초기 도시계획의 중요한 틀이었다. 강남에서 이주된 거주지역에 훗날 호주와 휘주의 각공들이 영입되었을 가능성이 있다. 특히 만력연간부터는 출판업계를 겨냥하고 의도적으로 동향(同鄕)의 공인(工人)들을 영입했을 것이다. 휘주는 가각(家刻)과 판화의 전통을 가진 곳으로 유명한 각공 일족(刻工一族)이 존재할 만큼 정교한 판각으로 이름이 높았던 곳이다.40) 외지의 기술자들이 합세함으로써 남경의 서적시장은 한결 다채로운 서적을 거래할 수 있었다.41)

이렇게 남경이 출판과 서적유통의 중심지로 발돋움하자 전업작가들이 모여들기 시작했다. 전업작가란 저술을 통해 생계를 유지하는 사람들을 말한다. 과거(科擧)를 준비했으나 오랫동안 시험을 통과하지 못했던 지식인들은 전업작가가 되어 생계도 유지하고 저술업자의 명성도 얻음으로써, 관료가 되지는 못했지만 저술업계에서 나름의 명성을 얻을 수 있었다. 또 명말에는 지식인들이 통속문학작품을 창작하기 시작했는데 특히 상업적 대가를 받고 저술활동을 하며 시정에 필기 쉬운 시적을 편집하고 제작하기 시작했다.42) 고급관료들도 돈을 받고 저술을 해주는 것을 부끄럽게 생각하지 않을 정도로 명말 지식인 사이에서 매문(賣文)활동은 자연스러운 경제활동이 되어 있었고 그들의 활동은 매문(賣文)에서 그치는 것이 아니라 인기있는 서적을 직접 편집·제작해서 판매하는 상업활동에까지 미치고 있었다. 이 경우 서적상인들과 긴밀한 협조관계를 유지했다. 인기있는 전업작가 및 출판인들은 높은 경제적 이득을 올렸을 뿐 아니라, 지식인과 대중에게 폭넓은 지지와 관심을 받아 사회적 영향력 또한 대단했다.43) 따라서 인기있는 전

---

39) 杜信孚,「明代版刻淺談」,『明代版刻綜錄』(湖南: 廣陵書社, 1985), p.6.
40) 劉尙恒,『徽州刻書與藏書』(湖南: 廣陵書社, 2000).
41) 葉樹聲·余敏輝,『明淸江南私人刻書史略』(合肥: 安徽大學出版社, 2000), pp.189-192.
42) 大木康,「明末江南における出版文化の硏究」,『廣島大文學部紀要』50(1991), 3章.

업작가들은 서적상인들에 의해서 남경으로 초빙되었고, 또 스스로 남경의 서적상인을 찾아 진출한 전업작가들도 있었다.[44]

5. 청초(清初)의 문화정책과 북경의 서적시장

지금까지 서술해 온 출판문화의 여러 가지 특징은 1644년에 전환의 계기를 맞게 되었다. 명왕조가 멸망하고 청왕조가 들어서면서 중앙정부의 통치력이 강화되어 가기 시작했고 재야의 지식인들과 서적상인들이 주도하던 출판문화의 헤게모니도 조정(朝廷)의 통제를 받아야 했기 때문이다. 그러나 청조가 북경을 점령하고 난 이후에도 중국 전역에 산재해 있는 반항세력들을 완전히 소탕하기까지에는 70여 년의 시간이 더 필요했다. 따라서 17세기 말까지는 명말이래 주요한 출판문화의 특징이 대략적으로 계승되었다고 볼 수 있다. 다만 청조가 한인 지식인들을 회유하는 방법으로서 출판을 적극 이용했다는 점, 청조를 비방하거나 명왕조에 대한 충성심을 보이는 저작이 발견될 경우에는 저자는 물론이고 출판인과 서적판매를 맡았던 서적상인들까지 대대적인 문자옥(文字獄)에 연루되어 처형당했다는 점은 완전히 새로운 것이었다.

우선 청조는 북경을 점령하자마자 공자를 존숭하고 유가사상(儒家思想)을 선양할 것을 공포하였다. 이러한 원칙에 따라 각종의 칙유가 마련되었는데 특히 강희제(康熙帝)가 반포한 『성유16조(聖諭十六條)』는 충효와 인륜을 강조하고 선량한 마음을 중시하고 파렴치한 범죄를 엄벌할 것임을 강조하면서 한족 지식인들에게 청조의 지배가 합리적인 것임을 보이고자 했다.

---

43) Chun-shu Chang, Shelley Hsueh-lun Chang, *Cirsis and Transformation in 17th century China: society, culture and modernity in Li yu' world*(Ann Arbor: University of Michigan Press, 1992), p.129.

44) 黃裳,「梅花墅」, 『銀魚集』(北京: 生活·讀書·新和三聯書店, 1985); 大木康,「陳繼儒與馮夢龍－明末出版文化史小考」, 『中國學報』 35.

즉 유가사상을 이용해 통치의 안정을 이루려는 중화의 전통적인 방식을 채택한 것이다.

아울러 한족 지식인들이 화이사상을 극복하고 새로운 정부에서 일할 수 있도록 각종의 문화사업도 전개하였다. 특히 강희제는 문화정책을 통하여 통치력을 신속하게 확보하고자 유교 경서와 고전적인 문학작품을 출판하도록 했다. 또 한족 지식인들을 모아『명사(明史)』를 편찬하도록 하였고,『주자대전(朱子大全)』,『성리정의(性理定議)』등의 주자학 서적을 편찬하도록 했다. 또 주요 유교경전들을 만주어로 번역하도록 하였다. 이러한 일련의 정책들은 청조에 의해서 정치사회적 질서가 안정되어 가는 가운데, 왕조교체를 겪었음에도 불구하고 출판문화가 단절 없이 성장할 수 있는 기반이 되었다.

이러한 상황에서 만주족이 장악한 북경에서도 서서히 서적시장이 발달하고 있었다. 명대에도 북경에는 서적시장이 있었다. 노점이 아닌 점포로서 서점이 많이 모여 있던 곳은 황궁(皇宮)의 남문(南門)에서 정양문(正陽門)에 이르는, 정부 부서가 밀집되어 있는 지역이었다. 그러나 북경의 출판은 다른 출판중심도시와 비교할 때 출판량에서나 출판업자들의 규모에서나 비교적 저조한 편이었다. 그래서 명대 북경의 서점거리에는 약 13가(家) 정도가 황궁앞 서점거리에서 서점을 운영하고 있었음이 밝혀진 정도였는데, 이 가운데 점포를 열고 출판과 매매를 병행한 것으로 밝혀진 서적상인들은 왕량(汪諒)·악씨(岳氏)·진씨(陳氏)·섭씨(葉氏) 등 소수에 불과하다.[45)]

그런데 황궁 앞 서점거리의 일부 서점을 제외하면 16세기 말까지 북경의 서적시장에서 이렇다 할 서적을 매매했다는 기록을 찾기 어렵다.[46)] 사찰의 묘회(廟會)에 간혹 서적노점이 있었다는 말뿐이지, 그곳에서 어떤 서적을

---

45) 張秀民, 앞의 책, pp.359-360.

46) 正陽門 안쪽에서 嘉靖年間에 서점을 운영했던 汪諒은 우수한 품질의『史記』,『漢書』등 古籍을 출판했고, 또 출판물에 자신이 출판했던 다른 서적의 목록을 실어서 서적을 광고했다. 袁逸,「中國古代的書業廣告」, 宋原放主編,『中國出版史料』(湖州: 湖北敎育出版社, 2004), pp.497-498.

샀는지 구체적으로 언급한 기록이 없다. 묘회는 사찰의 제례일(祭禮日)에서는 임시 시장과 각종 오락거리를 뜻한다.

명말의 대학자 사조제(謝肇淛, 1567~1625)는 북경에 머무르는 동안 네 번이나 등시(燈市)가 섰고, 또 그때마다 그곳을 찾아갔다고 했다. 등시는 새해 초에 등롱을 팔기 위해 약 열흘간 개설되는 시장을 말하는데 절기시(節氣市) 가운데 가장 큰 규모를 자랑하는 것이었다.[47] 등시에는 각 지역의 상인들이 각종의 골동품과 이국적인 장신구, 다양한 일상용품 등을 가지고 모여 들기 때문에 시장이 열리는 동안 백화(百貨)와 사람들로 발 딛을 틈 없이 북적거리기 마련이었다. 이렇게 규모가 큰 시장이 열리게 되자 등시가(燈市街)는 평소에도 번화한 상업지구로 발전하였다.[48]

하지만 사조제가 등시에 갈 때마다 그곳에 가득한 물건은 부녀자들을 위한 보석류, 귀척(貴戚)들을 위한 사치스러운 장신구들뿐이었고 자신이 구하고 싶어 하는 고서(古書)나 고화(古畵)는 단 한 건도 얻을 수 없었다고 말했다.[49] 그곳에 부설된 서탄(書攤), 즉 서적노점은 보잘 것 없는 수준이어서, "보산(寶山)에 들어가 빈손으로 나오는 꼴이라 웃음만 나온다"라고 표현했을 정도였다. 그러므로 명말까지 북경 서적시장의 발달은 매우 미흡한 단계였다고 볼 수 있다.

명대 북경이 수도였음에도 불구하고 이렇듯 서적시장의 발달이 미흡했던 이유에 대해서는 출판업의 환경이 매우 불리했다는 것을 들 수 있다. 북경은 강남의 여러 도시와는 달리 인쇄출판의 재료 산지로부터 너무 거리

---

47) 청대에 이르러 한인들이 외성(外城)으로 이주하게 되자 원래 동화문(東華門) 바깥쪽 등시가(燈市街)에 있던 등시도 북경성의 외성지역으로 옮겨가게 된다. 정양문 바깥쪽에서 남쪽으로 내려간 지점의 영우궁(靈佑宮) 앞으로 옮겨갔다가 후에 다시 유리창(琉璃廠) 부근 지역으로 옮겼다. 그 결과, 후술할 것처럼, 18세기에 전국적 규모의 서적시장으로 발전하게 될 유리창의 등시가 성장하게 된다.『天咫偶聞』, 北京市東城區園林局匯纂,『北京廟會史料通考』, p.92.

48)『日下舊聞考』,「燕都遊覽志」,『萬曆順天府志』,「元宵游燈市」;『北京廟會史料通考』, pp.83-84.

49) 謝肇淛,『五雜組』卷3,「地部一」(歷代筆記叢刊, 上海: 上海書店出版社, 2001), p.61.

가 멀어 출판업이 흥성하기 어려웠고 따라서 서적가격은 매우 비쌌다고 한다. 단 북경에서 출판되는 서적은 매우 적었지만 천하의 재화와 사람들이 모여드는 곳이므로 거상(巨商)들이 가지고 오는 고가(故家)의 소장서적은 간혹 구할 수가 있었다.[50] 우수한 서적이 출판되지는 않았을지라도 개별적인 매매를 통해 유통되고 있었다는 것을 알 수 있다.

청초에도 북경의 서적시장은 상업지구, 특히 묘회(廟會)에 부설하는 묘시(廟市)의 형태로 발전해 나갔다. 북경의 서적시장이 정기시(定期市)나 묘회에 부속하여 발달했기 때문에 북경 서적시장에 대한 연구는 묘회연구나 풍속연구 등에서 함께 다루어지는 경우가 대부분이다.[51] 이러한 연구에 따르면 청초 북경에서 가장 중요한 서적시장은 강희연간 북경성의 외성(外城) 서성구(西城區)에 위치해 있던 자인사(慈仁寺) 묘시였다.

자인사가 청초에 새로운 서적시장으로 발전하게 된 직접적인 계기는 명청교체 후 청조가 북경성의 내외 지구의 거주공간을 재조정했기 때문이다. 청조는 북경을 점령하자마자 행정구역을 재편하여 만·한(滿·漢)의 거주지역을 구분하고 백성들을 대대적으로 이동시켰는데, 그 결과 정양문(正陽門) 안쪽 내성(內城)지구는 만주귀족(滿洲貴家)들이 거주하게 되어 만성(滿城), 혹은 타타르성(韃靼城)이라고 별칭되었고, 외성(外城)은 모두 한인(漢人)들이 거주하게 되어 한인성(漢人城), 혹은 중국성(中國城)이라고 별칭되었다.[52] 이때 한인(漢人) 관료들의 사저(私邸)가 선무문(宣武門) 남쪽에 많이 위치하고 있어서 그곳에서 가까운 자인사의 서적노점이 자연스럽게 문인(文人)·학사들의 주목을 받게 되었던 것이다.[53]

---

50) 胡應麟, 『經籍會通』卷4, p.42.
51) 待餘生,「燕市積弊」,『愛國報』(1909); 孫殿起輯·雷夢水編,『北京風俗雜詠』(北京古籍出版社, 1982); 翟五一,『北京的廟會民俗』(北京: 北京出版社, 1999) 등 참조. 이러한 방면의 자료집으로 北京市東城區園林局匯纂,『北京廟會史料通考』(北京: 北京燕山出版社, 2002)가 있다.
52) 劉鳳雲,『明淸城市空間的文化探析』(北京: 中央民族大學出版社, 2001), pp.58-59.
53) 孫殿起,「販書瑣記二則」,『琉璃廠小志』(北京: 北京古籍出版社, 2001), p.313.

그런데 1679년 지진으로 서성(西城)지구가 폐허가 됨에 따라 자인사(慈仁寺)의 서적노점은 점차 몰락하게 되었고, 대신 만주인들의 거주지역인 내성(內城)에 새로운 상업지구들이 형성되고 있었다. 그중에 서적시장의 발전과 관계가 깊은 지역은 내성(內城)지구의 동쪽에 위치했던 융복사(隆福寺) 주변이다.

18세기부터는 이러한 신흥 상업지구를 중심으로 서적노점이 발달하게 되는데, 북경이 명실공히 전국적 서적시장의 중심으로서 위치를 차지하게 된 것은 18세기 중반 건륭연간(乾隆年間)의 일이고 그 지역은 유리창(琉璃廠)이었다. 구체적으로는 1737년 건륭제가 사고관(四庫館)을 개설하고 『사고전서(四庫全書)』편찬에 필요한 서적을 모으면서부터이다. 『등음잡기(藤蔭雜記)』에 나오는 다음의 이야기는 18세기 중반 유리창의 명성이 북경뿐 아니라 원래 서적유통의 중심지였던 강남지역에 이르기까지 얼마나 널리 퍼져 있었는가를 보여주는 사례로서 유명하다. 즉 『사고전서』편수관(編修官)이 되어 북경에 머물게 된 정진방(程晉芳)이 강남지역에 있는 원매(袁枚)에게 시를 지어 보냈는데, "세력가들은 말을 멈추고 진귀한 골동품을 평론하며, 상인들은 돈을 나누어 고서(古書)를 구한다"라는 구절만을 보고도 원매(袁枚)가 즉시 "유리창에 있는 게 분명하다"고 말했다는 것이다.[54]

제3절 출판물의 종류와 특징

시대에 따라 어떤 판본(版本)이 주류를 이루는가는 차이가 있지만 중국에서 조판인쇄술이 발명된 당대(唐代)로부터 정부와 사원, 학자와 민간업자들은 항상 인쇄출판의 중요한 주체들이었다. 따라서 인쇄출판의 역사를 탐구할 때에는 판본 감정학의 측면에서 각 판본의 특징을 분류해내는 작업부

---

54) 孫殿起, 앞의 책, p.18.

터 시작하는 것이 일반적이다.[55] 출판서적의 특징을 분석하면 혹 출판주체
가 명확하지 않더라도 그 서적의 특징에 따라 출판주체를 추론할 수 있다.
판본감정은 서적에 사용된 글자체의 종류와 크기, 종이, 장정(裝幀)방법, 매
쪽의 구성, 간기 등에 따라 어느 시대, 어느 지역, 어떤 주체의 출판물인가
를 판별한다. 이것은 인쇄출판의 역사를 탐구하는 데 있어 가장 기본적인
작업이라고 볼 수 있다. 이러한 연구의 기초 위에서 인쇄출판의 사회사적
의미도 탐구할 수 있게 되는 것이다.

　인쇄주체에 따른 각 판본(版本)의 특징은 다음과 같다.[56] 정부출판인 관
각(官刻)은 주로 반포목적이었으므로 경사(經史)의 서적이 주류를 이루었고
정부의 지원 속에 사업이 진행되었으므로 재료와 책의 수준이 높았으며 참
가인원과 출판서적의 양도 대단위였다. 그러나 일반서민들은 물론이고 관
료들조차도 구해보기 어려운 것이 보통이었다. 신왕조가 성립되었을 때에
는 문교(文敎)정책의 일환으로서 정부의 출판사업이 의욕적으로 추진되었
으며 그것은 왕왕 정부장서 수집활동과 더불어 진행되었다. 명말처럼 정치
적으로 혼란스러운 시기에는 현저히 퇴보했다가 청초에는 다시 왕성하게
발달하였다.

　학자들의 개인출판이라고 할 수 있는 가각(家刻)은 유교적 가치와 학문
의 보호전파라는 사명감에서, 또 가문의 명예를 높이는 수단으로서 학자들

---

55) 판본 감정학의 시각에서 인쇄출판의 역사를 탐구한 선구적인 연구로는 屈萬里·昌彼
得/심우준 譯, 『圖書版本學要略』(臺北: 中華文化出版會, 1955), 중앙대학교 도서관학
과, 1975; 羅錦堂, 『歷代圖書板本志要』(臺北: 中華叢書委員會, 民國47[1958]); 毛春
翔, 『古書版本常談』, 上海古籍出版社, 1962·2002; 李致忠, 『古書版本學概論』(北京
圖書館出版社, 1990); 李致忠, 『古書版本鑑定』(文物出版社, 1997) 등이 있다.
56) 鄭如斯·蕭東發編著, 『中國書史』(書目文獻出版社, 1982/1996); 李瑞良, 『中國古代圖
書流通史』(上海: 上海人民出版社, 2000). 李瑞良의 연구는 도서생산의 중대한 변화
로서 정부출판, 개인의 출판, 상업출판의 형성발전을 논함과 동시에 이 중의 일부가
민간을 통해서 조선과 일본 등 해외로 전파되어 갔던 사정에 대해서도 서술했다. 한
편, 최근에는 판본별 연구성과를 집대성하여 『中國版本文化叢書』가 출판되었다. 총
14책으로 이루어진 판본 시리즈로서, 구성은 다음과 같다. 任繼愈主編, 『中國書源流』
『宋本』『元本』『明本』『淸刻本』『小數民族古籍版本』『稿本』『佛經版本』『家刻本』
『坊刻本』『活字本』『批校本』『揷圖本』『新文學版本』(南京: 江蘇古籍出版社, 2002).

개인에 의해 진행되었다. 따라서 경사(經史)의 서적과 조상의 문집 등이 주류를 이룬다. 가각(家刻)은 특히 정교하고 우수한 질을 자랑한다. 그러나 가각본(家刻本)이 비록 문헌보호전파라는 목적을 표방했음에도 불구하고 판매용으로 사용된 경우가 많았으므로 실제로는 가각과 방각을 구분할 필요가 없다는 지적도 있다.57) 그러나 가각(家刻)이 비록 판매용으로 사용되었을지라도 그것은 원래의 주요한 목적이 아니라 부수적인 현상에 불과했으므로 팔기 위해서 만든 상업출판물과 동일시하기는 어렵다.58) 따라서 가각과 방각은 구분해서 고찰할 필요가 있다.

상업출판 즉, 방각(坊刻)은 인쇄출판으로 생계로 삼는 업자들의 행위이다. 따라서 경사류(經史類)보다는 달력, 천문학서, 예언서, 의서 등의 일용서적과 소설류, 오락서적, 과거수험서 등의 통속서적이 주류를 이룬다. 생산비 절감을 위해 질이 낮은 재료를 사용하고 신속한 판매와 유통을 위해 교감도 거치지 않으며 제작기간이 짧은 것이 보통이다. 따라서 방각본(坊刻本)은 내용면에서 통속적일 뿐 아니라 오자(誤字)가 많고 질량도 떨어지는 등 전체적으로 수준이 낮다. 방각본(坊刻本)의 유행은 지식인들에게 항상 경계의 대상이었다.

이하 17세기 출판물의 특징을 정부출판물과 민간출판물로 나누어 살펴보자.

---

57) 私刻과 坊刻을 구분하지 않고 민간출판업으로 통합해서 보는 것은 주로 구미의 연구자들이다. 대표적으로 Lucille Chia는, 坊刻의 출판업자들이 내세운 출판의 목적도 효성심의 발로이거나 혹은 가문이 소장하고 있는 진기본을 전파하려는 공익적 사명감이었다는 점에서 私刻과 坊刻은 매우 구분하기 어렵다고 보고 있다. 특히 방각의 양과 질이 눈부시게 성장했던 남송대와 명말은 더욱 그러하다. Lucille Chia, *Printing for Profit* (Harvard University Press, 2002), pp.6-7.

58) 王桂平, 『家刻本』(南京: 江蘇古籍出版社, 2002), pp.4-5.

1. 정부 출판물

1) 내부(內府)의 어제서(御製書)와 예학서(禮學書) 출판

내부(內府)는 황실 소속의 출판기구로서, 후술하게 될 국자감(國子監)과 더불어 명대에는 가장 핵심적인 중앙정부의 출판기구였다. 명대에는 환관 (宦官)의 수장인 사례태감(司禮太監)의 산하에 전문적 출판기구인 경창(經廠)이 있었다. 명대의 내부각서는 모두 여기서 관장했으므로 경창본(經廠本)이라고도 부른다. 현재 확인 가능한 명대 내부의 출판서적은 약 200여 종 이상이다.[59] 여기서 출판된 서적의 종류는 "제서(制書)" "본조서(本朝書)"라고 불리웠으며 황제의 칙찬(勅撰)이거나, 혹은 유신(儒臣)에게 찬수를 명령했던 서적들이 대부분이다. 예를 들어『십삼경(十三經)』,『이십일사(二十一史)』,『대명일통지(大明一統志)』, 영락제의『사서오경대전(四書五經大全)』,『영락대전(永樂大典)』, 황후가 명령하여 편찬한『내훈(內訓)』『여훈(女訓)』도 있었다. 서적의 종류로는 경사류(經史類)가 주류를 이루며 종교관련 서적도 상당한 비중을 차지하였다. 앞에서 언급했듯이 명왕조 초반에 정력적으로 출판되었으나 명말에는 거의 출판되지 않았다.

청초 내부각서의 경우, 순치연간에는 명대 경창본과 큰 차이가 없었다.

---

59) 이 표는 繆咏禾,『中國出版通史(明代卷)』(北京: 中國古籍出版社, 2009), pp.154-155 의 내용을 토대로 작성한 것이다.

〈명대의 내부 출판서적〉

출처목록 및 수량	『내판경서기략(內版經書紀略)』158종,『고금각서(古今刻書)』83종 『중국고적선본서목(中國古籍善本書目)』및『명대판각종록(明代版刻綜錄)』수십 종
서종분류 및 수량	제도관련서적 72종, 경서(經書) 39종, 자서(子書) 25종, 사서(史書) 21종, 의술·농업서·점술서 18종, 시문(詩文) 17종
대표서적	『불장(佛藏)』,『반장(番藏)』,『도장(道藏)』,『문헌통고(文獻通考)』,『역대명신주의(歷代名臣奏議)』,『사문유취(事文類聚)』,『대명회전(大明會典)』,『소미통감절요(少微通鑑節要)』,『통감강목(通鑑綱目)』,『대학연의(大學衍義)』,『대학연의보(大學衍義補)』,『자치통감강목(資治通鑑綱目)』,『역대통감찬요(歷代通鑑纂要)』,『대명일통지(大明一統志)』,『성리대전(性理大全)』,『옹희악부(雍熙樂府)』,『증정화이역어(增訂華夷譯語)』,『통감절요속편(通鑑節要續編)』,『사서대전(四書大全)』,『대명집례(大明集禮)』,『증류본초(證類本草)』등

<그림 3-1> 1655년 내부(內府)출판 『내정집요(內政輯要)』

청초 순치연간 청 왕조의 관심은 충효사상을 선양하기 위한 유교 경서(經書)를 출판하는 데 집중되어 있었다. 이것은 순치제(順治帝)가 후비(后妃)들에게 나누어 주기 위해 출판했던 『내정집요(內政輯要)』의 모습이다. 그 내용은 역대 후비들의 가언선행(嘉言善行)을 모은 것인데, 이런 서적을 반포함으로써 후비들이 모범을 보여 널리 미풍양속을 교화시키는 데 도움을 주고자 했다.

_출처: 『中國出版通史(淸代卷)』

1647년에 명대의 법전을 모방하여 『대청률(大淸律)』을 내부에서 출판한 것을 시작으로 유가윤리를 선양하고 관료 및 백성들을 훈육시킬 수 있는 예학서들을 편찬하였다. 인쇄방식도 명대 내부각서의 것을 거의 그대로 계승하여 글자체와 판식(板式) 등이 동일하였다. 그러나 강희연간인 1680년에 이르면 명대 사례태감이 출판을 관장하던 것을 바꾸어 무영전(武英殿) 내부에 전문 출판기관을 두고 관각을 진행하였다. 이것을 전판(殿版)이라고도 한다. 한림원 관리의 관장 아래 어제시문(御製詩文), 어찬경전류(御纂經典類) 등을 편찬하였고, 흠정서(欽定書)가 가장 많았다. 청대의 전판(殿版)은 강희연간의 출판물들이 가장 정교한 것으로 평가되고 있는데 한림원관료들이 편찬 및 교감을 진행했기 때문이다. 강희연간 출판된 것으로는 『수리정온(數理精蘊)』, 『패문운부(佩文韻府)』, 『성리정의(性理精義)』 등이 대표적이다.[60]

---

60) 朱賽虹, 曹鳳祥, 劉蘭肖, 『中國出版通史(淸代卷)』(北京: 中國古籍出版社, 2009), pp. 83-84, pp.88-89.

2) 명대 국자감(國子監)의 교육용 서적 출판

명대 국자감은 남·북경에 각각 하나씩 있었다. 국자감은 국학(國學), 국자학(國子學), 혹은 태학(太學)이라고도 불리웠으며 최고의 국립교육기관이었다. 국자감에는 '전적(典籍)'이라는 관리를 두고 서적업무를 전담하도록 하였고, 또 휘하에 인쇄공을 두어 출판도 담당하게 하였다.

두 곳의 국자감 가운데 남경 국자감의 출판이 더 영향력 있었다고 할 수 있는데, 경사(經史)의 서적과 주요 유교 경전(經典)을 출판하는 것이 주요 임무였다. 1383년에 처음 설립된 남경 국자감은 초기에는 왕성한 출판활동을 통해 약 300여 종의 서적을 출판하였으나 갈수록 정부의 출판이 줄어드는 추세 속에서 명말에는 출판활동이 위축되어 있었다. 남경 국자감 출판서적 중에서는 『이십일사(二十一史)』가 가장 유명하다. 북경 국자감은 신판(新版)제작보다는 번각(飜刻)을 위주로 했다. 이곳에서 출판한 서적 가운데 가장 중요한 것은 1596년부터 1606년까지 총 10년의 시간을 들여 출판했던 『십삼경주소(十三經奏疏)』와 『십칠사(十七史)』였다. 이것은 명말 정부의 출판이 침체된 가운데 올린 중요한 성과였다고 할 수 있다.

<그림 3-2> 남경 국자감 출판 『남옹지(南雍志)·경적고(經籍考)』

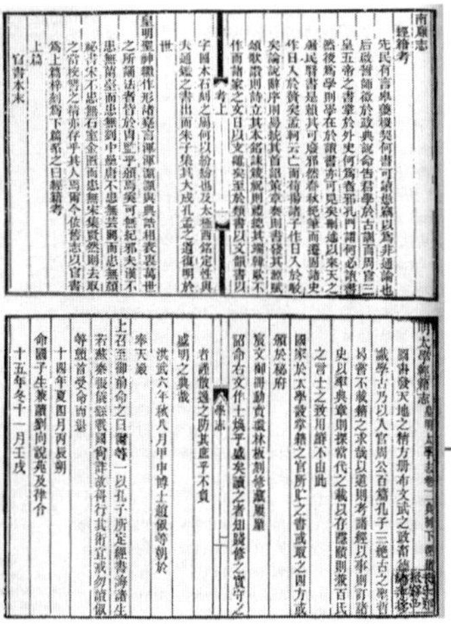

1383년에 처음 설립된 남경 국자감은 경사(經史)의 서적과 주요 유교 경전(經典)을 출판하는 것이 주요 임무였다.

_출처: 『中國出版通史(明代卷)』

〈그림 3-3〉 북경 국자감 출판 『십삼경주소(十三經注疏)』

명말 북경 국자감의 출판서적은 정부의 출판이 침체된 가운데 올린 중요한 성과였지만, 교감이 정확하지 못해 오탈자가 많은 단점을 가지고 있다. 이것 때문에 후대 학자로부터 '목판의 낭비'라는 극심한 비판을 받아야 했다.

_출처:『中國版本文化叢書·明本』

한편, 청대에도 국자감은 전국 최고의 학부였으나 인쇄출판의 기능은 축소되고 교육기관의 기능만을 충실히 담당하였다. 즉 국자감 산하에 전적청(典籍廳)이라는 부서가 있어서 각종 상주문과 문서처리와 함께 출판업무를 맡도록 되어 있었으나 그것은 국자감 내부의 용도로 사용되는 것이었다.[61] 후술할 것처럼, 청대의 정부출판은 청 왕조가 만든 출판 전담기구에 의해 활성화되었다.

3) 중앙부서 및 지방관아의 업무관련 서적의 출판

명대에는 남경과 북경 두 곳에 중앙관청이 똑같이 설치되어 있었고 중앙관청의 거의 모든 부서에서 각자 출판을 진행했다. 예를 들어, 이부(吏部)에서는 『이부집장(吏部執掌)』, 예부(禮部)에서는 『대례집의(大禮集議)』, 『등과록(登科錄)』, 『회시록(會試錄)』, 병부(兵部)에서는 『대열록(大閱錄)』, 『구변도설(九邊圖說)』, 『무과록(武科錄)』, 태의원(太醫院)에서는 『동인침자도

---

61) 郭松義, 李新達, 李尙英, 『淸朝典章制度』(吉林: 吉林文社出版社, 2002), p.277.

(銅人針灸圖)』, 『의림집요(醫林集要)』, 흠천감(欽天監)에서는 『천문각(天文刻)』, 『대통력일(大統曆日)』 등을 출판하였다.

명대 중앙부서의 출판 가운데 매우 예외적인 경우로서, 도찰원의 출판이 특기할만하다. 도찰원은 감찰기구로서 중앙과 지방의 관료를 규찰할 뿐 아니라 각 지방에 파견되어 행정상 억울한 피해자가 있지 않은지 조사하는 역할을 담당하던 부서였는데, 이러한 도찰원(都察院)에서 출판했던 수십 종의 서적 가운데 『삼국지연의(三國志演義)』와 『수호전(水滸傳)』이 들어 있었다.

도찰원에서는 비교적 많은 수량의 서적을 출판했는데 대부분은 도찰원의 업무와 관련된 것, 예를 들면 『도찰원순방총약(都察院巡方總約)』과 같은 서적이었다. 이 외에도 『사기(史記)』와 『문선(文選)』과 같은 역사서적·문학서적 등을 출판했다. 『삼국지연의』와 『수호지』는 다른 정부기관의 출판에서는 사례를 찾아 볼 수 없는 독특한 경우이다. 그만큼 두 소설의 인기가 대단했다는 것을 보여주는 것이기도 하고, 극히 예외적인 경우이긴 하지만 상업출판이 발달하기 시작하면서 정부마저도 영리를 위해 통속서적을 출판했을 만큼 상업출판 활동이 당연하게 받아들여지고 있었음을 보여주는 현상이기도 하다.

지방관아의 출판은 지방지(地方志)와 서파본(書帕本)이 주류를 이룬다. 서파본이란 지방관들이 임기가 끝나고 북경으로 돌아갈 때 서적을 출판하여 예물로 삼는 것을 말한다. 선물용 서적이기 때문에 교감과 공정 등이 정교하지 못해서 평판이 좋지 않았고, 심지어 명말에는 뇌물 증여시에 함께 동봉하는 것으로 사용되어 폐단이 많았다. 이 외, 부·주·현(府·州·縣)의 지방관아에서도 출판을 진행했다. 부·주·현 급(級)의 지방관아 소속에 인쇄공이 있었던 것은 아니고 출판사업이 있을 때마다 외부에서 초빙해 오는 식이었으므로 자연히 지역에 따라 출판사업의 위상도 크게 차이가 났다. 부·주·현 관아의 출판물은 대부분 해당지역 명현들에 대한 기록을 남기고 현창하려는 목적에서 진행되었으므로 개인 전기나 문집류가 대부분이었다. 서파본을 제외하고는, 중앙부서와 지방관아가 각자의 업무에 적합한 서적을 출판하는 사정은 청대에도 대부분 이어졌다.

4) 높은 문화적 수준을 자랑하는 번부(藩府)의 출판

황태자를 제외한 황제의 아들은 일정한 나이가 되면 번왕(藩王)이 되어 번부(藩府)로 떠나야 한다. 번왕이 다스리는 번부는 자체적으로 군사를 거느리며 변방의 수비를 담당하는 순기능을 담당하기도 했지만, 한편으로는 중앙의 제위(帝位)를 위협할 수 있는 강력한 세력이기도 했다. 이 때문에 번왕이 자유롭게 북경을 드나드는 것은 금지되어 있었으며 중앙의 정치에 개입하는 것, 번왕끼리 연락하는 것 등 정치적 행위는 철저하게 금지되어 있었다. 이러한 상황에서 번부에서는 장서(藏書)를 수집하고 서적을 출판하는 문화사업이 활성화되었는데, 자신에게 정치적으로 야망이 없다는 것을 보이고 학문적·문화적으로 높은 수준을 가졌다는 것을 과시하기 위함이었다.

이처럼 번부에서 출판한 서적을 번부본(藩府本) 혹은 번각본(藩刻本)이라고 한다. 이 출판물들은 번왕 개인이 출판한 것이지만 출판의 목적이나 서적의 특성 등 전체적인 맥락을 고려할 때 정부의 출판으로 분류한다. 번왕의 탄탄한 경제력을 배경으로 출판된 서적이므로 교정이 정밀하고, 종이와 제본의 질이 상당히 높았다.

역대 왕조 가운데 명대는 번부본이 융성한 것으로 유명하다. 특히 16세기 진번(晉藩)에서 출판했던 총집서(總集書), 17세기 초반 만력연간 길번(吉藩)에서 출판한 제자서(諸子書), 17세기 중반 숭정연간 익번(益藩)에서 출판한 다서(茶書) 등이 번부(藩府) 3대 걸작으로 뽑히고 있다. 명대에 출판 사업을 했던 번부는 총 43개가 있었는데, 이들 번부본이 가지고 있는 공통 특징은 다음의 세 가지이다.[62] 첫째, 번왕 자신의 시문집을 가장 많이 출판했다는 것이다. 둘째는 의약서·양생서 등을 주요하게 출판했다는 것이고, 셋째는 거문고 타기, 바둑 두기, 화초와 동물에 관한 서적 등 번부의 생활환경과 밀접한 관계를 가진 내용의 서적을 출판했다. 이로써 번부의 출판은 정치와는 격리되어 번부의 높은 문화적 수준을 나타내는 증명과도 같았다고 볼 수 있다.

---

62) 繆咏禾, 앞의 책, p.161.

〈그림 3-4〉 번부(藩府)출판 『사기(史記)』

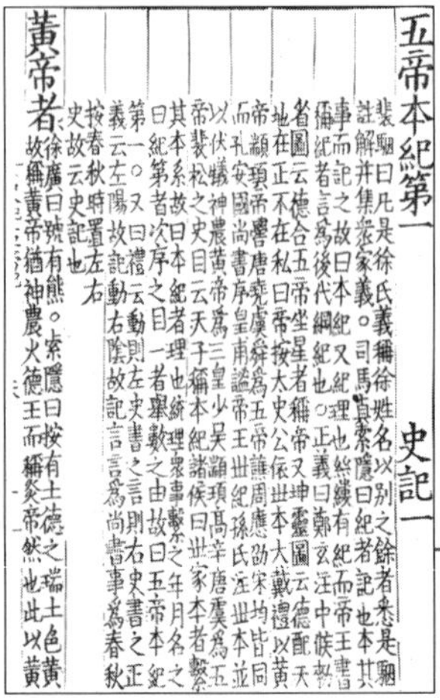

가정연간 진번(秦藩)에서 출판했던 『사기(史記)·오제본
기(五帝本記)』의 모습

_출처: 『中國版刻圖錄』

5) 청 왕조의 만주어 서적 출판

만주족은 중원을 정복하기 이전부터 한문서적을 만주어로 번역하고 있었
다. 이것은 여진을 통일한 누르하치가 명조와의 원활한 대외관계를 맺기
위해서 한문번역 사업을 시작한 것에서부터 유래하는데, 누르하치의 뒤를
이어 대청(大淸)제국을 건설했던 홍타이지 시절에 이르면 번역을 담당하는
전문 기구인 문관(文館)을 설립하여 대대적인 번역작업을 진행했다. 이때 주
요하게 번역되었던 한문서적은 『삼략(三略)』, 『만보전서(萬寶全書)』, 『통감
(通鑑)』, 『육도(六韜)』, 『맹자(孟子)』, 『예부회전(禮部會典)』, 『형부회전(刑部
會典)』, 『삼국지(三國志)』 등이었다.[63] 홍타이지가 만주어로 번역된 『삼국지』
를 반포하며 한문공부에 사용하도록 했다는 것은 유명한 이야기이다.

1644년 중원을 정복한 이후에는 만주어 서적의 발달이 새로운 국면을
맞게 되는데 순치연간에 이미 만주어로 번역된 『효경(孝經)』을 서점에서
출판했을 정도였다. 순치연간에는 명대의 내부각서의 출판양식을 그대로 계

---

63) 朱賽虹, 曹鳳祥, 劉蘭肖, 앞의 책, p.291.

승하고 있었기 때문에 만주어 서적도 경창에서 출판되었다. 순치연간에『요사(遼史)』,『금사(金史)』,『원사(元史)』,『홍무보훈(洪武寶訓)』등이 만주어로 출판되었고 또『삼국연의』가 재차 번역·출판되었는데 이번에는『삼국연의』가 유명한 문학서적이었기 때문만은 아니었고 병서로 활용할 가치가 있었기 때문이라고 지적되고 있다.[64]

17세기 중후반에서 18세기 초엽에 해당하는 강희연간은 강희제의 적극적인 문교정책으로 정부의 출판이 급성장을 이룬 시기이다. 이때 만주어 서적 역시 조직적으로 출판되었다. 강희연간에 출판된 만주어 서적은 약 20종에 달한다. 그 가운데 17세기의 작품으로는 다음과 같은 서적들이 있다. 우선, 대신들이 황제와 조정에서 했던 유교일강의 내용을 모은『일강사서해의(日講四書解義)』,『일강서경해의(日講書經解義)』등의 경서가 있다.『청회전(淸會典)』,『대청률집해부례(大淸律集解附例)』,『형부신정현행례(刑部新定現行例)』와 같은 법전이 있고, 언어방면에 지대한 영향을 주었던『어제청문감(御制淸文鑑)』, 대표적인 문학작품들을 모아 향후 문학방면에 많은 영향을 주었던『어제고문연감(御制古文淵鑑)』등이 있다. 특히『어제고문연감(御制古文淵鑑)』은 무영전 각본으로서 한문(漢文)과 만문(滿文) 두 가지로 출판되어 만주어 서적의 높은 수준을 자랑하고 있다. 1708년에는 만주어『금병매(金甁梅)』가 출판되었는데 이것은 16세기 중후반에 음탕하다는 이유로 청조가 출판금지를 내린 바 있는 소설이었다. 그리하여 이것이 정부의 출판인지 그 진위가 의심을 받고 있는 실정인데,『금병매』를 번역한 사람으로 회자되는 인물들이 모두 만주귀족들인 점으로 미루어 정부의 출판과 더불어 진행된 것으로 추측되고 있다.[65]

이외에도 청조는 몽골이나 티베트 지역의 소수민족들을 통치하는 데 문화정책을 활용하고자 했다. 이러한 과정에서 소수민족들의 언어로 된 서적을 출판하는 것은 문화정책의 일환으로서 매우 유용한 수단이었다.[66] 만주

---

64) 위의 책, p.293.
65) 위의 책, pp.294-295.

〈그림 3-5〉 만주어 『삼국연의(三國演義)』

청 태종(홍타이지)은 만주어로 번역된 삼국지를 반포하며, 한문공부에 사용하 도록 했다는 유명한 얘기가 전해진다.

_출처: 『中國出版通史(清代卷)』

어로 된 번역출판이거나, 소수민족 언어로 된 서적의 출판 등은 모두 18세기 건륭제의 치하에서 전성기를 맞게 된다.

2. 민간 출판물

전술했던 바와 같이 16세기 말부터 민간출판, 특히 상업출판은 절정기를 맞는다. 앞서 상업출판인 방각(坊刻)과 지식인 가문의 출판인 가각(家刻)의 구분이 모호할 때가 있다고 언급한 바 있는데, 여하튼 이 두 가지 출판물은 모두 민간출판의 영역에 해당하는 것이다. 이 장에서는 상업출판을 중심으로 17세기 민간출판물의 특징에 대해서 고찰하고자 한다. 상업출판이야말로 격변하는 17세기 출판의 특징을 분명하게 보여주는 사례이기 때문이다.

---

66) Stevan Harrell, *Cultural Encounters on China's Ethnic Frontiers* (Seattle: University of Washington Press, 1994), p.10.

1) 통속소설과 희곡의 강세

판매를 목적으로 서적상인에 의해 인쇄·제작된 서적을 방각본(坊刻本)이라고 한다. 서적상인은 사료상 서포(書舖)·서사(書肆)·서고(書賈)·서림(書林)·서방(書坊) 등의 명칭으로 나타난다. 그들의 형태는 책 보따리를 짊어지고 팔러 다니는 소규모 행상에서부터 수공업 작방을 차려놓고 인쇄출판과 매매를 병행하는 점포방식에 이르기까지 다양했다. 혹은 인쇄작업은 하지 않고 판매만 담당하는 서점도 있었으며 비정기적 서탄(書攤), 즉 서적노점으로 존재하기도 했다. 이들의 형태는 고정적이지 않으며 때로는 여러 형태의 영업방식이 겹쳐서 나타나기도 한다.

연구자들의 경우에도 서적상인의 범주를 확정해놓지 않는 경우가 많다. "방각(坊刻)"이라는 사료상의 용어를 그대로 사용할 경우에는 관리나 지식인이 아닌 서민들이 주체가 되어 상업적 판매를 위해서 진행했던 인쇄출판행위를 말하며, 이 경우에는 출판업자의 의미에 가깝게 쓰인다.

구미의 연구서에서는, 중국의 서적상인을 프린터(printer)와 북셀러(book-seller) 중 어떤 용어로 불렀느냐에 따라 서적상인활동의 비중을 출판업에 두었느냐 혹은 매매와 유통업에 두었느냐를 구분할 수 있다. 그러나 역시 출판업쪽으로 대부분의 연구업적이 쌓여 있기 때문에 일반적으로는 printer라는 용어가 사용되며 이 경우에도 매매업자들을 포함하는 의미로 사용한다. 판매와 유통까지 담당한 느슨한 의미의 서적상인으로 publisher를 쓰기도 한다. 따라서 서점을 가리킬 때에도 book shop보다는 printer shop, 혹은 publishing house라는 용어가 주로 사용되고 있다. 단 서적의 유통문제를 중시할 때에는 bookseller와 book shop을 사용한다.[67]

상업출판은 주로 민간 독자층을 대상으로 한 통속서적을 생산하였는데 같은 통속서적이라 할지라도 지역마다 특색을 가지고 있었다. 즉, 복건 출

---

67) Timothy Brook, "Censorship in Eighteenth Century China: A View from the Book Trade," *Canadian Journal of History*, 23-2(1988); R. Hegel, "Niche Marketing for Late Imperial Fiction," *Printing and Book Culture in Late Imperial China* (University of California Press, 2005).

〈그림 3-6〉 가정(嘉靖) 연간 건양현지: 서방도(書坊圖)

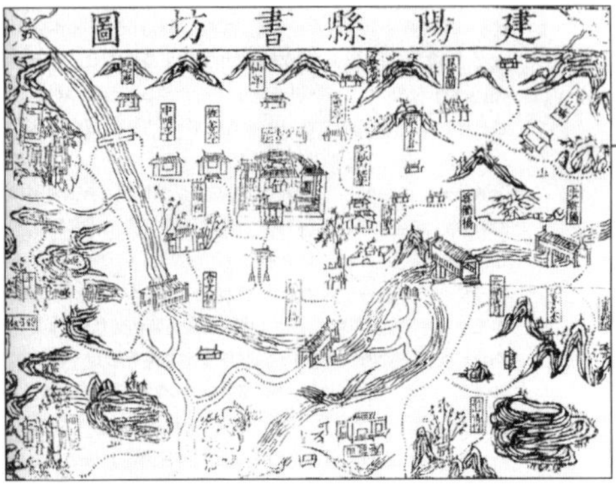

복건(福建)의 건양성(建陽城)은 송대(宋代)로부터 출판업자들이 가장 많이 존재하는 곳이었다. 특히 숭화현(崇化縣)과 마사현(麻沙縣)을 잇는 거리는 서점과 인쇄점이 즐비하게 늘어서 출판과 서적판매 전문거리라고 할 수 있는 곳이었다.

_출처: 『中國出版通史(明代卷)』

판업자의 경우 소설과 과거(科擧) 수험서를 가장 많이 출판했고, 남경 출판업자들은 희곡(戲曲)과 의서(醫書), 소주(蘇州)와 항주(杭州)는 전통적으로 지식인들이 강세를 보이는 지역이었으므로 상대적으로 통속서적의 숫자가 적고 대신 문인(文人)들을 대상으로 하는 서적들이 많이 출판되었다.

이 분야의 선구적 연구자 장수민(張秀民)은 현존하는 고적원본(古籍原本)을 일일이 확인하거나 제가(諸家)의 목록을 통해 간기(刊記)를 확인하는 방대한 작업 끝에 명대 각 도시에 존재했던 서점의 숫자와 그 가운데 출판을 병행했다는 증거를 남긴 서점은 얼마나 되는지를 밝혔다.[68] 서점의 숫자로 보나 출판량으로보나 최대의 출판지역은 복건이었다.[69]

복건의 가장 큰 출판업자는 여씨일족(余氏一族)이었고,[70] 송대부터 활발

---

68) 북경 13家, 건양 86家(단 건양의 경우 출판지역으로 표시하지 않고 書林이라고만 했던 서점까지 합치면 실제로는 100여家에 달한다. 남경보다 훨씬 많은 숫자이다), 남경 93家, 항주 24家의 書坊이 존재했다. 정교하기로 유명했던 蘇州의 각서는 坊刻과 私刻을 합쳐서 37家였다.

69) 張秀民, 「明代印書最多的建寧書坊」, 『張秀民印刷史論文集』(原 『文物』 1979-6).

70) 복건출판에 대한 망라적 연구는 謝永順 · 李珽, 『福建古代刻書』(福建: 福建人民出版社, 1997); Lucille Chia, "The Development of the Jiangyang Book Trade, Song, Yuan," *Late Imperial China* 17-1(1996); "Commercial Publishing in Jiangyang

하게 활동했던 여씨의 세력이 가장 왕성했던 것은 명대 만력연간이었다.[71] 만력연간 후반에 활동했던 여상두(余象斗)는 여씨 가운데에서도 가장 유명한 인물이었는데 현존하는 출판물만도 60여 종이 넘는다. 후대에 전승될 확률이 매우 낮은 통속서적의 전문적 출판업자였음을 감안하면 그가 출판했던 서적은 훨씬 많았을 것이 분명하다. 같은 시기에 활약한 여응규(余應蚪)는 생원의 지위까지 가지고 있던 '서적상인세계의 인텔리'였다. 여상두와 여응규 같은 인물은 스스로 저술활동을 하며 시인을 자처했다. 상인이 시인을 자처하고 지식인들로부터 어느 정도 인정을 받았던 것은 전통시대 중국에서 오직 명말에만 있었던 일이다. 이러한 인물이 등장한 것은 명말 사회적 변화의 한 증거가 된다.[72] 여씨 일족의 활동범위는 복건에 국한되

〈그림 3-7〉 1598년 복건 쌍봉당(雙峰堂) 각본(刻本) 『만금정림(萬錦情林)』

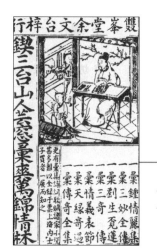

이 그림은 명말에 활약했던 최대의 서상 여상두가 출판했던 통속소설 『만금정림(萬錦情林)』의 표지이다. 표지 윗부분에 자신이 운영했던 서점의 정경을 그림으로 표현하고 그 아래에는 자신이 출판했던 다른 서적들을 알리는 광고를 실었다.

_출처: 『中國版本文化叢書·坊刻本』

from the Late Song to the Late Ming," P.J. Smith & R. von Glahn, eds., *The Song-Yuan-Ming Transition in Chinese History* (Cambridge MA: Harvard University Asia Center Press, 2003).

71) 蕭東發, 「建陽余氏刻書考略」, 『歷代刻書槪況』(北京: 印刷工業出版社 1991)(原 『文獻』 21, 22, 23, 1984).

72) 井上進, 앞의 책, pp.250-251, 326-327.

지 않고 타성(他省)으로 확대되었는데 특히 남경의 출판업자들과 긴밀히 협
조하여 출판업과 매매업의 판로를 확장시켰다. 여씨(余氏) 이외에도 유씨
(劉氏)·웅씨(熊氏)·정씨(鄭氏) 등이 대대로 출판업에 종사하였으며 복건
내에서 서로 협력하기도 하고 남경 같은 대도시에 진출해서 다른 성씨들과
협력하기도 했다.[73]

17세기 민간출판물의 가장 큰 특징은 이전 시기까지 볼 수 없었던 완전
히 새로운 요소들이 서적을 구성하기 시작했다는 사실이다. 복건과 남경에
서 출판되었던 통속문학 서적에서 특히 그러한 특징이 두드러졌다.

우선 그림이나 광고문구를 이용해서 자신의 출판물을 적극적으로 광고
했다. 이전까지는 서적의 제목만 인쇄하거나, 아니면 그마저도 없이 비어
있던 표지에 그림을 인쇄하거나 자신이 출판한 또 다른 서적들을 알리는

〈그림 3-8〉 명말의 서상 여상두 사용 간기

명말의 간기는 훌륭한 서적광고 역할
을 했다. 책의 전면에 걸쳐 그림을 넣
고 테두리도 화려하게 장식했으며,
혹은 자신의 서점에서 출판했던 다른
서적들을 알리는 등 독자들의 구매욕
을 자극하는 적극적인 표현이 가득했
다. 위의 사진은 복건 서상 여상두가
사용했던 간기로서, 여상두가 운영했
던 서점 삼태관(三台館)의 이름과 서점
의 모습, 광고내용 등이 새겨져 있다.

_출처: 『中國版本文化叢書·坊刻本』

---

73) 方彦壽, 「明代刻書家熊宗立術考」(『文獻』1987-1); 「熊云濱與世德堂本西遊記」(『文獻』
1988-4); 「建陽劉氏刻書考」(『文獻』1988-2, 1988-3); 「建陽熊氏刻書術略」, 『古籍整
理與硏究』6(1991); 「閩北劉氏等十四位刻書家生平考略」(『文獻』1991-1); 「閩北十四位
刻書家生平考略」(『文獻』1993-1); 「閩北十八位刻書家生平考略」(『文獻』1994-1).

문구를 넣어 빈틈없이 활용하였다. 표지에 인쇄된 그림은 서점의 정경과 출판업자의 초상을 새겨넣은 것이었다. 간기도 적극적으로 활용되었다. 이 전시기까지 출판주체만을 보여주었던 단순한 간기제작 방식을 벗어나 간기에 그림을 인쇄하거나 각종의 광고문구를 새기고 화려하게 장식함으로써 간기만 보고도 독자들이 서적에 대해 흥미를 느낄 수 있도록 제작하였다. 표지와 마찬가지로 간기에도 자신의 서점에서 출판했던 다양한 서적에 대해서 소개하고 자신의 서점의 위치를 홍보함으로써 독자들의 구매의욕을 높이는 데 활용하였다.

서적의 내용도 판화를 충분히 활용하여 독자들의 구매의욕을 높였다. 소설과 희곡의 경우 본문의 내용에 일치하는 삽화를 넣어 상도하문(上圖下文) 형식으로 서적을 제작하는 게 보통이었다. 상도하문이란, 위 칸에 그림이 있고 아래 칸에 본문이 있는 형식으로 매쪽마다 삽화가 들어가 있는 것이다.

출판업에 의한 서적의 확대는 명말청초 이후 지식인이 아닌 일반 백성들에게 광범위하고 다양한 교육기회를 제공하여 청말에 이르기까지 교양능력

〈그림 3-9〉 상도하문의 구성으로 된 『서상기』 본문

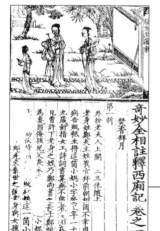

현재까지 알려진 최고의 삽도본 『서상기(西廂記)』이다.
15세기 북경 악씨 각본

_출처: 『中國版刻圖錄』

〈그림 3-10〉 북경 악씨(岳氏)서점의 간기

이 그림은 15세기에 북경에서 활양했던 악씨서점의 간기이다. 북경의 출판물은 매우 희소한데, 악씨서점은 황궁앞 거리에서 서점을 운영하며 출판업까지 종사했던 것으로 밝혀져 있다. 비석모양의 간기에 『서상기(西廂記)』를 중간(重刊)하게 된 과정과 의의를 서술하였다. 당시 저자거리에 출판되어 있는 『서상기』에 오류가 많음을 지적하고 자신의 서점에서는 경서에 의거한 필사작업과 그림에 대한 교정작업까지 진행하여 차별성이 있음을 강조하였다.

_출처: 『中國版刻圖錄』

확산의 가장 강력한 추동요소가 되었다고 지적되어 왔다.[74] 즉 명·청대에는 대중의 교양능력이 전반적으로 상승했을 뿐 아니라 대중문화 전반의 수준이 상승했는데, 통속적·종교적 텍스트를 통해 교육기회가 확장되었고 출판의 발전이 대중문화 발전의 기반이 되었음을 알 수 있다.[75]

통속문학의 발전이라는 문제에서 보자면 『금병매』와 같은 애정소설들은 인쇄출판을 매개로 전파될 수 있었다.[76] 또 강남지역의 출판업자들은 대중 독자들을 상대로 했을 뿐만 아니라 지식인 독자들을 상대로 삽화구어(揷畵口語)의 소설을 생산하고 판매했는데, 지식인들이 적극 가담했던 상업적 출

---

74) Evelyn Rawski, *Education and Popular Literacy in Ch'ing China* (Ann Arbor: University of Michigan Press, 1979).

75) David Johnson, Andrew Nathan, Evelyn Rawski, *Popular Culture in Late Imperial China* (Berkeley: University of California Press, 1985).

76) Judith T. Zeitlin and Lydia H. Liu, ed., *Writing and Materiality in China: Essays in Honor of Patrick Hanan* (Cambridge Mass.: Harvard University Asia Center, 2003).

판활동에서 출판의 헤게모니를 쥔 것은 지식인보다는 오히려 서적상인층이 었다.[77]

서적의 상품화는 시장화 일반의 일부로서 진행되었기 때문에 서적이 가진 지식보고의 특성상 상업화진행에 대해 지식인들이 부정적인 견해를 가지고 있었다고 해도, 실제적으로는 유통에 어떠한 저항도 받지 않았다. 오히려 지식인층의 문화적 산물로서 상품화된 서적은 감상과 품평, 소장의 대상이 되었다.[78]

남경(南京)에서 출판된 서적은 미관을 한층 중시한 것으로 유명했다. 남경 최대의 출판업자 부춘당(富春堂)의 당대계(唐大溪)는 송·원대 이래 전통적으로 사용되어오던 단조로운 한 줄·두 줄의 테두리선을 탈피하여 화문(花紋)의 테두리인 '화란(花欄)' 혹은 격자무늬 테두리를 새겨 넣었다. 남

〈그림 3-11〉『금병매』의 전면 삽화

이 그림은 전면삽화가 들어간 숭정각본(崇禎刻本) 『금병매(金瓶梅)』의 모습이다.

_출처:『中國版刻圖錄』

---

77) Robert Hegel, *Reading Illustrated Fiction in Late Imperial China* (Stanford: Stanford University Press, 1998).

78) 티모시 브룩/이정·강인황 역,『쾌락의 혼돈-중국 명대 상업과 문화』(서울: 이산, 2005).

〈그림 3-12〉 남경에서 출판된 『백토기』 본문의 테두리 장식

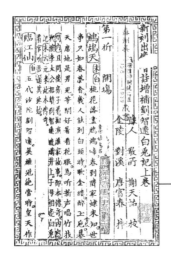

남경의 거대서점이었던 부춘당(富春堂)에서 출판한 『백토기(白兎記)』의 모습이다. 본문의 테두리를 격자무늬로 화려하게 장식하였다.

_출처: 『中國版刻圖錄』

경의 출판물은 연꽃모양을 응용한 간기가 많다.[79] 또 복건이 상도하문(上圖下文)의 삽화를 주로 사용했던 것에 비해 남경의 출판물은 전면(全面), 혹은 좌우양쪽을 합친 대폭(大幅)의 그림으로 된 삽화가 특징적으로 많았는데 남경의 출판물이 복건을 제치고 인기를 누렸던 이유는 이러한 대형의 삽화를 넣을 수 있었던 판화기술이 발달했기 때문이라고 지적되기도 했다.[80]

2) 과거(科擧) 수험서적과 경세서(經世書)

주지하다시피 명말 이래 약 100여 년간의 시간은 상업경제와 서민문화의 비약적인 발달로 인해 중국사회의 문화를 결정짓는 데 왕조(王朝)의 영향력이 약화되었던 시기였다.[81] 더구나 명말에는 정치부패와 사회혼란이 가중

---

79) 張秀民, 앞의 책, pp.349-351, p.387; 蕭東發, 『北京: 中國圖書出版印刷史論』(北京大出版社, 2001).

80) 鄭振鐸, 「明清二代的平話集」(1920), 『西諦書話』(北京: 三聯書店, 1983).

81) Evelyn Rawski, "Economic and Social Foundations," Johnson, Nathan, Rawski, eds., *Popular Culture in Late Imperial China* (Berkely, LA, London: University

되어 문화적 헤게모니를 가진 사람들은 오히려 재야(在野)에 존재하고 있었는데,[82] 이러한 재야의 지식인들이 적극적으로 상업출판에 관여함으로써 민간출판은 더욱 풍성하게 발전할 수 있었다. 지식인들이 가장 활발하게 활약할 수 있는 분야는 과거(科擧)수험용 서적과 경세서적(經世書籍)의 상업 출판으로서, 인기있는 서적의 저자가 되면 경제적 이득을 올릴 수 있음은 물론이고 상업 유통망을 통해서 자신의 의견을 널리 피력할 수도 있었다.

과거수험용 서적은 출판업자라면 누구나 생산하는 인기 서적이었다. 전통시대 중국의 과거는 관료와 학자뿐 아니라 일반 서민들의 삶도 강력하게 지배하고 있었기 때문이었는데,[83] 갈수록 과거시험의 경쟁이 치열해지면서 '합격의 비결을 제공' 하는 수험용 서적은 빠른 속도로 팔려나갔고 상업출판의 주요 품목으로 자리 잡았다. 이처럼 수험서가 학습공동체 내부에서 순환하는 정도가 아니라, 사회 전반에 걸쳐 영향력을 발휘하려면 그만큼 수험서를 필요로 하는 수요가 존재해야 하고 그 수요를 감당할 수 있는 지속적인 출판의 공급능력이 뒷받침되어야 한다. 상업경제와 인쇄기술의 발달, 서민의식의 성장 등을 배경으로 대중의 교육수준이 상승하였고 수험생이 폭증했던 16세기 이후의 중국사회는 이상의 조건을 만족하고 있었다.[84]

과거 수험서적 가운데 가장 많이 생산된 것은 『사서(四書)』의 해설서였다. 명·청대 과거시험은 『사서오경(四書五經)』을 주요 텍스트로 하는 경의(經義)시험과 역사적 해석과 논술능력을 시험하는 책론(策論)시험 등이 있

of California Press 1985), pp.28-33.

82) Evelyn Rawski, "The Qing Formation and the Early-Mordern Period," Lynn Struve, ed., The Qing Formation in World-Historical Time (Cambridge, Mass.: Harvard University Asia Center, 2004), p.227.

83) Benjamin Elman, "Political, Social, and Cultural Reproduction via Civil Service Examinations in Late Imperial China," Harvard Journal of Asiatic Studies 50-1 (1991), p.8.

84) Evelyn Rawski, Education and Popular Literacy in Ch'ing China(Ann Arbor: University of Michigan Press, 1979), pp.6-9, p.111; 오금성, 「中國의 科擧制와 그 정치·사회적 기능-宋明淸시대의 사회의 계층이동을 중심으로」, 『科擧』(서울: 일조각, 1981/1992), pp.51-55).

었지만 실제 운용에서는 첫날의 첫 시험인 사서의(四書義)의 비중이 가장 컸다. 따라서 과거(科擧)수험서의 개발 역시 『사서(四書)』를 중심으로 진행될 수밖에 없었는데, 특히 팔고문(八股文)으로 만들어진 사서의(四書義)의 모범답안은 그 어떤 수험서보다도 인기가 있었다. 작문할 필요도 없이 그저 암기만 하면 되는데다가, 가장 직접적으로 과거(科擧)에 합격하는 비결을 보여주었기 때문이다.[85]

16세기 중반까지 대부분의 『사서(四書)』해설서들은 주희(朱熹)와 송대의 학자, 명초 학자들의 주석을 인용하여 제작되었다. 사실 상업적으로 출판된 해설서들은 해설의 역사적인 진위나 고증에는 관심이 없었고 어떻게 하면 합격의 비결을 보여줄 것인가 하는 문제에만 관심을 두었다. 따라서 각 장이나 편의 해설을 붙일 때에는 될 수 있는 한 많은 해설을 모아서 보여주는 방식으로 발전하게 되었다. 그리하여 17세기가 되면 10명이 넘는 해설가들의 의견만을 제공하는 경우가 허다했다. 심지어는 『논어』의 학을 설명하면서 노자의 문장을 인용하는 등 명말로 갈수록 수험용 『사서(四書)』의 해설서들은 백과사전식으로 편찬되었다.[86]

『시경(詩經)』을 비롯한 기타 경전의 해설서들도 비슷한 경향을 보였다. 특히 양명학이 유행하고 유불도(儒佛道) 삼교합일(三敎合一)의 정신이 유행처럼 확산되자 수험용 해설서들은 경전의 의미를 설명하는 것에 그치지 않고 자의적인 해석으로까지 나아가게 되었다. 불교와 도교의 용어를 사용하거나 심지어 방언소설의 어구를 빌려 유교의 텍스트를 설명하기도 했다. 이와 같은 경향은 주자학의 권위를 훼손시키는 결과를 초래했다. 수험서는 학생이거나 수험을 준비하는 사람이라면 누구나 보는 서적이었기 때문에 자의적인 해석은 서적을 통해 확산되었고, 실제 시험장에서도 이러한 답을

---

85) '八股'로 이루어진 對句형식의 文體인 八股文은 史料上 時文, 制藝, 制義, 四書文 등의 명칭으로도 표현된다. 制義는 制科[科擧]의 문장을 의미하고 八股는 그 형식을 말하며 四書는 그 내용을 말한다. 『清代科擧制度研究』(香港: 中文大學出版社, 1982).

86) Kai-wing Chow, *Publishing, Culture, and Power in Early Modern China* (Stanford, Calif.: Stanford University Press, 2004), p.137.

〈그림 3-13〉 수험서 『사서구정(四書九鼎)』

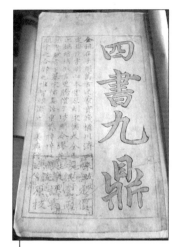 

▲ 명말각본 『사서구정(四書九鼎)』의 속표지. 불교용어와 도교용어를 사용하여 수험서로서의 효과를 강조하였다.

▶ 양절본(兩節本)구성의 모습. 위 칸과 아래 칸에 서로 다른 서적을 새겨 넣었다.

_출처: 「명대 수험서의 상업적 발달과정과 '지식'의 확산」

작성하는 사람들이 많았기 때문이다.87)

〈그림 3-13〉은 명말 강남지역에서 출판되었던 수험서 『사서구정(四書九 鼎)』의 모습이다. 기존에는 비어 있었던 속표지를 활용하여 이 서적이 시험 대비에 얼마나 효과적인지를 과장하여 광고하였는데, 유교경전을 광고하면서 불교용어와 도교용어를 사용하는 아이러니를 보이고 있다. 또 이 책의 본문은 양절본 구성으로서, 매쪽 윗부분의 약 3분의 1 위치되는 곳을 중심으로 양분하여 아래 칸에는 무창기(繆昌期)의 『사서구정(四書九鼎)』을 새겨 넣었고, 위 칸에는 당여악(唐汝諤)의 『사서증보미언(四書增補微言)』을 새겨

---

87) Kai-wing Chow, "Writing for Success," *Late Imperial China* 17(1996), pp.133-136.

넣었다. 위 칸에 새겨진 것도 역시 수험서로, 독자들의 입장에서는 한 권의 가격으로 두 권의 서적을 얻는 셈이니, 자연 인기가 높았다.

과거 수험서적 가운데 가장 중요하고 인기가 있었던 것은 팔고문(八股文)으로 만들어진 모범답안, 그것도 진사(進士)의 모범답안문집이었다. 과거의 3단계(학교 → 지방 → 중앙)를 거치면 진사의 명칭을 얻게 된다. 즉 진사의 모범답안은 과거시험의 최고 경지에 오른 사람들이 지은 문장만을 모아 둔 것이다. 수험생이라면 누구나 구해 보았을 것이기 때문에 서적상인에 의해 저자의 이름이 도용당한 경우가 숱하게 많았다.[88]

지식인들이 저술하고 대중에게 인기가 높았던 또 다른 민간출판물은 경세서적(經世書籍)이었다. 앞 절에서도 서술하였듯이, 16세기 말 명 왕조는 아래로는 왜구의 침략과 위로는 요동지역 여진족의 침략이라는 대외적 위기에 직면했다. 이러한 문제가 부상하기 시작했던 16세기 초반부터 중국의 지식인들은 왜구의 활동지역 및 요동을 정확하게 분석하여 이해하려고 노력했다. 이것은 15세기까지의 상황과는 달리 변경에 대한 자각의식이 생겨났음을 보여주는 현상으로서, 변경지역의 정확한 이해를 위한 지리서(地理書)와 군사서(軍事書)의 탄생으로 이어졌다. 그러나 그것은 대부분 대외관계 업무를 직접 맡고 있는 인사들에 의해서 이루어졌다. 즉 북방의 경우 요동순무(遼東巡撫)나 총병관(總兵官) 등 요동사무에 직접 관련했던 관료이거나, 요동에 유배되어 위소(衛所)의 실상을 접할 수 있었던 사대부들의 저작들이 출현하였던 것이다. 남방의 경우에도 왜구토벌에 직접적으로 관여한 사람들에 의한 관찰과 기록이 대부분이었다. 이들의 기록은 위기상황에 대한 정확한 관찰이었고 쇠락하는 변방통치를 만회하기 위해 강구된 대안들이었다. 조정(朝廷)이 수용해서 시행할 것을 염두에 두었다는 점에서 정치적이었다.

예를 들어, 군사지리 전문가 정약증(鄭若曾)의 경우도 그러했다. 정약증은 호종헌(胡宗憲)의 막료로서 왜구섬멸에 공헌했던 인물인데, 이러한 전력

---

88) 井上進, 앞의 책, p.233.

으로 인해 그의 지리적 관심은 일본에까지 닿아 있었다. 그는 명조에서 조선을 거쳐 일본에 이르는 길을 산해관(山海關)에서 시작하여 조선의 부산포에 이르기까지 소개한 바 있다. 이 길에서 거쳐 가게 되는 주요 성(城)·참(站)·역(驛)을 거리까지 자세하게 표시했다.[89]

그런데 만력연간 이후에는 변경업무와 직접 관련이 없는 수많은 개인에 의해서 변방문제가 언급되기 시작했다. 여진의 성장이라는 상황에서 위기의식이 증폭된 이유도 있겠지만, 더 중요하게는 명대의 정치·경제·군사 등 폭넓은 분야에 대한 비판과 개혁안을 분출했던 경세론(經世論)이 이 시기에 풍미했다는 이유도 있다. 즉 명 왕조를 위험에 빠뜨린 여러 가지 원인을 분석하고 명조의 현실을 자각하며 대안을 찾으려는 커다란 흐름이 지식인들 사이에 유행처럼 번지던 가운데, 변경방위문제도 거론되었던 것이다.

여기에 16세기 말부터 눈부시게 발전했던 상업출판은 이상의 논의를 신속하게 퍼뜨리는 역할을 담당했다. 조직적인 서상(書商)들의 활약으로 서적의 편집과 유통의 범위가 신속하게 확장되면서 변방에 대한 논의는 더욱 빠르게 확산될 수 있었다.

이러한 상황에서 지지(地志)들도 대중적으로 확산되었는데 병사(兵事)를 논한 저작 자체가 확산되었을 뿐 아니라 병사(兵事) 및 변경업무와 관련된 논의들만 모아서 편집한 선집류(選集類) 서적도 유행하게 되었다. 특히 책론시(策論試)에 대비하기 위한 선집류(選集類) 수험서로 제작됨으로써 수많은 수험생들에게 읽혀지게 되었고, 요동을 중심으로 하는 변경방위에 관련된 제반의 의식(意識)들이 일반 지식인들에게도 신속하게 전파되었다.

---

89) 鄭若曾, 『鄭開陽雜著』卷5, 「國朝至朝鮮東界地里」 文淵閣四庫全書 史部 342. 정약증은 산해관에서 구련성에 이르는 지역의 城·站·驛을 자세하게 기록했을 뿐 아니라 의주에서 서울을 지나 부산에 이르는 여정의 55개의 縣城·站·驛과 이름과 거리도 자세하게 적고 있다. 또 '부산포에서 낙동강을 건너 바다를 지나면 대마도에 이르게 되는데 여기부터는 일본국의 지방'이라고 소개하면서, 서울에서 남원까지 이르는 길을 동로와 서로로 나누어 다시 자세하게 소개하였다. 즉 조선을 거쳐 일본에 이르는 육로를 한반도의 동과 서로 나누어 자세하게 고찰한 것인데, 밀무역 등으로 동아시아의 민간교류가 활발해진 결과 동아시아 각국에 대한 이해가 깊어졌음을 알 수 있다.

<그림 3-14> 『황명경세문편』

이 책은 명말의 내우외환에 대비하려는 경세치용(經世致用)을 목적으로 만들어진 것으로서, 그 내용은 약 300여 년 가까운 명 왕조의 통치경험과 교훈을 총결하는 데 도움이 될만한 문장들을 주요 관리들의 문집으로부터 뽑아낸 것이다.

_출처: 『中國出版通史(明代卷)』

    꼭 저서까지는 아니더라도 상소문이나 편지와 같은 단편기록이 수없이 쓰여졌는데, 이러한 저술은 유서(類書)로 편집되어 출판되기도 했다. 이 분야에서 가장 유명한 것은 『황명경세문편(皇明經世文編)』이었다.90) 1638년 2월에 편집(編輯)을 시작해서 그해 11월에 완성된 이 책은 명말의 내우외환에 대비하려는 경세치용(經世致用)을 목적으로 만들어진 것으로서, 그 내용은 약 300여 년 가까운 명 왕조의 통치경험과 교훈을 총결하는 데 도움이 될만한 문장들을 주요 관리들의 문집으로부터 뽑아낸 것이다. 이 서적은 명말의 경세서(經世書)인 동시에 책론(策論) 수험서로 편집된 가장 권위있는 서적이었기 때문에 인기리에 판매되었다.

    경세서적이면서 동시에 수험용 서적이었기 때문에, 합격하기 위한 빠른 정보와 지식을 전달해야 했으므로 이러한 선집류(選集類)에 들어 있는 경세의식, 내지는 변경의식은 수많은 문헌으로부터 뽑아 압축한 형태로 제시되었다. 또 당시 관료 및 사대부들 사이에 가장 일반적으로 받아들여지고 있

---

90) 陳子龍·徐孚遠·宋徵璧 選集, 504卷 및 補遺4卷.

는 위기의식을 반영하였다고 볼 수 있다. 한 가지 사례를 들어보고자 한다.

　원황(袁黃)의 『군서비고(羣書備考)』는 2~3장(場)의 시험에 대비하기 위해 만들어진 수험서였는데, 수많은 저작에서 과거(科擧)시험에 꼭 필요한 부분만 뽑아서 편집했기 때문에 원적(原籍)을 보는 것보다 이 책을 보는 것이 오히려 과거합격에 도움이 된다고 광고했을 만큼 명말까지 나온 많은 저작들을 반영하였다.[91] 이 책은 총 93개로 주제를 분류해서 논술의 모범답안을 제시했다. 이 가운데 명말 북방(北防)을 가장 심각하게 위협하고 있던 여진족과 관련된 논술로는 「수변(守邊)」, 「구변총고(九邊總考)」, 「요동고(遼東考)」 등이 있다. 우선 전체변경을 안정시키기 위해 총론 격으로 제시된 개혁안은 다음의 다섯 가지이다. 즉 공로가 있는 자를 잘 가려내어 포상을 신중하게 할 것, 공역(工役)을 줄이고 최대한 지형지세의 험준함을 이용하여 변경을 수비할 것, 둔전(屯田)을 일으켜 군량을 풍족하게 할 것, 간첩(間牒)을 강화하게 하여 오랑캐의 동정을 파악할 것, 마지막으로 위소(衛所)의 관원, 특히 투항한 이민족 수령들이 백성들을 수탈하지 못하도록 금할 것 등이다.[92]

　요동(遼東)의 특징과 명말에 처한 위기상황의 이유에 대해서는 여러 가지 행정상의 문제를 언급하고 있는데, 특히 요동과 같이 변고가 잦은 지역에 군현(郡縣)을 폐지하고 위소(衛所)제도를 설치하는 바람에 오랑캐를 규제하는 것이 용이하지 않았다고 지적한 것이 눈에 띈다. 게다가 "이민족의 수령을 위소관원으로 지명한 것은 마치 이리들에게 백성을 맡긴 것과 같아서 호구(戶口)가 날로 소멸하고 농토는 황폐해졌으며 요동의 통치가 신속하게 와해되었다"고 지적했다.[93] 이것은 논술의 모범답안이자 명대 정치·행정제도에 대한 저자의 비판이기도 하다. 경세론(經世論)의 유행과 상업출판의 발전으로 이와 같은 시각은 일반 사인(士人)들에게까지 수용될 가능성이 있

---

91) 袁黃撰/袁儼註, 『增訂二三場羣書備考』4卷, 「凡例」, 崇禎吳縣書林大觀堂刻本, 北京國家圖書館소장 善本.
92) 袁黃撰/袁儼註, 위의 책, 「守邊」.
93) 袁黃撰/袁儼註, 앞의 책, 「九邊總考·山東」.

〈그림 3-15〉『군서비고(群書備考)』의 속표지와 지도

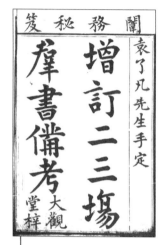 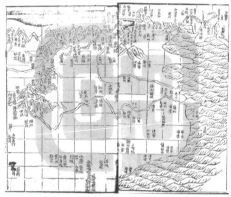

▲ 속표지에는 '원료범(袁了凡) 선생이 편정(編定)한 과거(科擧)합격 비결서'라는 광고문 구가 새겨져 있다.
▶『군서비고』에 들어 있는 지도「구변총도(九邊總圖)」

_출처: 「명대 수험서의 상업적 발달과정과 '지식'의 확산」

었는데, 특히 수험서란 암송만 하면 되는 서적이므로 수험서에 실려 확산된 비판의식은 계속해서 재생산될 여지가 있었다.

3) 실용서의 유행

통속문학과 과거 수험서적 못지않게 대중의 사랑을 받았던 서적은 일상 생활에 필요한 정보를 담고 있는 책이었다. 강남의 여러 출판도시에서 실용서적이 속속 출판되었는데 몇 가지 예를 들어 보면 다음과 같다.

의서(醫書)방면에 뛰어난 서방이 존재했던 곳은 휘주였는데 특히 명대 오면학(吳勉學)의 사고재(師古齋)는 방대한 의서출판과 더불어 고금서적을 수집하여 출판하는 것으로 유명했다.[94] 명청대 휘주 방각본의 특징은 통속

---

94) 張秀民, 앞의 책, p.376 및 劉尙恒, 『徽州刻書與藏書』(廣陵書社, 2000) 3章 4節「明

서적보다는 사대부들의 읽을거리들이 많았다는 것인데 계몽서, 생활유서 등이 주로 생산되었다.[95]

명말 항주지역에서 활약하던 서점 환독재(還讀齋)는 의료지식의 대중화에 선구적 역할을 했으며 다양한 방법으로 자신의 출판물을 선전하고 적극적인 판매를 하다가, 청초에는 소주(蘇州)지역으로 근거지를 옮기게 되었다. 소주의 출판업은 대량출판시대가 시작되는 만력연간이 되기 이전 이미 177종의 서적을 출판해내고 있었는데, '소판(蘇版)'이라고 하면 정부출판인 내부판(內府版)과 비견될 만큼 우수한 질량을 자랑했다. 소주에서는 소설도 주로 문인들을 대상으로 하는 소설이 생산되었을만큼 문인문화가 강세를 이루는 지역이었다.[96] 환독재는 소주로 이주한 다음에는 적극적인 선전과 판매가 줄어든 대신에 증여를 통해 서적을 유포하는 일이 더 많아졌는데, 왕조 교체라는 격변기를 맞아 경영방식을 변화함으로써 자신의 활동영역을 유지했던 것이라고 이해할 수 있다.[97]

명말의 일용유서(日用類書)는 일상생활에 필요한 각 부분의 지식과 사항을 담고 있었는데 가정내의 소비용도를 위한 것뿐 아니라 고소장과 같이 사회적 생활에서 일어난 문제를 조정하는 데 필요한 지식도 제공하였다.

명말 상업의 발달로 상업에 대한 지식·교훈·영업상의 주의사항을 적은 일련의 상인전문 서적들이 등장했음은 이미 서술한 바 있다. 원래는 가전

代坊刻」.

95) 劉尙恒, 앞의 책, 3장 4절 「明代坊刻」, 4장 4절 「淸代坊刻」.

96) 소주의 우수한 출판업자로 유명한 사람은 常熟縣의 모진(毛晉)이었는데, 출판업자이면서 동시에 장서가로서, 명말청초에 걸쳐 經典과 史書를 대량 출판하였고 전국에 유통시켰다. 모진은 명청대 문인들이 특히 높은 평가를 내렸던 송판(宋版)서적을 원판 그대로 똑같이 모사하여 출판해 내는 영송초(影宋鈔)라는 출판법을 고안하여 유실되어 버린 송원판을 상당수 복원하였다. 이로 인해 모진은 출판업자이지만 고대문화의 보존과 유포에 특별한 공로를 세웠다고 평가되고 있다. 張秀民, 앞의 책, pp.368-374 및 葉樹聲·余敏輝, 『明淸江南私人刻書史略』(合肥: 安徽大學出版社, 2000), pp. 31-35.

97) Ellen Widmer, "The Huanduzhai of Haungzhou and Suzhou: A study in 17th-century Publishing," *Harvard Journal of Asiatic Studies*, Vol.56-1(1996).

(家傳)의 형태로 개인이 후손을 위해 남기는 것이 보통이었지만 16세기 말 이후에는 대량출판의 시대를 맞아 불특정다수의 독자를 대상으로 한 상업 전문서적이 출판되었다. 상업활동의 노하우가 기록되어 있을 뿐 아니라 행상(行商)의 노정(路程)이 명시되어 있기 때문에 일반여행자들에게는 여행안내서가 되었고, 기후와 산천풍토가 농작물 수확에 미치는 영향에 대한 경험 등이 수록되어 있었기 때문에 일반서민에게도 유용한 정보서가 되었다. 이러한 상업전문서적은 같은 종류의 서책이 여러 번 간행되었다는 것이 확인되는 만큼 민간에 널리 유행했다.[98] 이상 새로운 정보서들은 17세기에 최전성기를 맞이하였다. 중국의 17세기는 서민의식의 성장과 인쇄출판의 발달을 매개로 서적분야도 전에 없이 활력을 띤 시기였다.

제4절 중국 출판문화의 동아시아 확산

이상 17세기 중국의 출판문화의 성장은 중국 내부뿐 아니라 동아시아 인접국에도 영향을 미쳤다. 주지하다시피 전통시대 동아시아의 국제질서는 중국을 중심으로 운용되고 있었다. 조공책봉제도(朝貢册封制度)가 그것인데 정치·경제·문화의 모든 방면에서 중국의 압도적인 우위를 전제로 하는 국제관계였다. 명청시대 중국은 이상의 조건을 만족하고 있었고 따라서 동아시아의 인접국들은 선진문물로서 중국문물을 다투어 수입했다. 전통시대 중국의 서적이 동아시아 각국으로 전파되었던 주요 경로는 육로(陸路)를 통

---

98) 寺田隆信, 『山西商人の研究』(東京: 同朋社, 1972), 제6장. 이 책의 상업서적에 담긴 내용을 분석함으로써 명말 상인의 실체를 파악하고 있다. 상업활동에 유용한 지침서로서 상업서에는 각종 상행위방법, 주의사항, 상인으로서의 각오 혹은 교훈 등이 구체적으로 기록되어 있었는데 대표적인 상업서를 분석 결과, 상업적인 성공을 위해서는 관료로 대표되는 고위신분과의 인간관계가 매우 중시되었으며 이것을 儒者들에게 인식시키기 위한 방법의 일환으로서 商道를 일반도덕관념과 결부시켜 강조하였음이 밝혀졌다.

해 조선(朝鮮)과 월남(越南)으로 전해졌던 경우와, 해로(海路)를 통해 일본
으로 전해졌던 경우로 나누어 볼 수 있다.

17세기는 중국 명청교체의 시기로서, 중국뿐 아니라 동아시아의 범위에
서 볼 때에도 장기적 변동이 감지되는 시기였다. 즉 농업생산력과 인구의
꾸준한 증가, 도시와 상업의 발전 및 이로 인한 사람과 물자의 유동화, 전통
적 권위에 도전적 요소가 되었던 양명학(陽明學)의 유행 등이 동아시아의
각 나라에서 공통적으로 발생하고 있었다. 더구나 동아시아의 각 나라들은
외교사행(外交使行)이라는 전통적 방식 이외에도, 전쟁과 밀무역 등을 통해
빈번하게 접촉함으로써, 이전 어느 시기보다 다른 나라들에 대해 많은 정보
를 가지고 서로를 이해하게 되었다.

16세기 이래 사회경제적 변화요소를 공유하면서 외국에 대한 이해력을
높이고 있던 조선과 일본은 외국에서 수입해 온 정보를 활용하면서 자문화
(自文化)의 특징을 심화시키며 개성 있는 사회를 만들어 가고 있었다. 이러
한 과정에서 중요한 역할을 수행했던 것이 중국서적이다.

먼저 조선왕조는 유교(儒敎)국가의 수립을 위해 중국서적을 중시한 결과
정부차원에서뿐 아니라 민간차원에서도 중국서적의 유입이 활발했다. 조선
(朝鮮)의 경우, 중국과 교역할 수 있는 유일한 방법이 조공(朝貢)관계를 이
용하는 것이었으므로, 중국서적의 수입은 자연히 사행(使行)에 부수한 여러
상황 가운데 하나로서 진행되었다. 비록 사행(使行)에 부수적으로 발생했던
무역이었지만 이 가운데 서적교역이 중요한 비중을 차지하고 있었고,99) 양
국의 빈번한 사행 및 서적교역의 결과 중국의 학문, 혹은 학풍(學風)은 조선
의 학풍에 지대한 영향을 주었다.100) 뿐만 아니라 조선에서 유행하였던 소

---

99) 김성칠,「燕行小考」,『역사학보』12(1960); 정형우,「正祖의 文藝復興政策」(書籍輸
入政策부분),『동방학지』11(1970); 이존희,「朝鮮前期 對明書册貿易 – 수입면을 중
심으로」,『진단학보』44(1976); 정형우,「'五經四書大全'의 輸入 및 그 刊板廣布」,
『동방학지』63(1989); 강혜영,「朝鮮朝 正祖의 書籍 蒐集政策에 관한 研究:奎章閣을
중심으로」(國外蒐集부분)(연세대박사학위논문, 1990); 배현숙,「宣祖初 校書館활동
과 書籍流通考 – 柳希春의『眉巖日記』분석을 중심으로」,『서지학연구』18(1999).
100) 藤塚隣,『淸朝文化東傳の硏究-嘉慶・道光學壇と李朝の金阮堂』(東京: 國書刊行會, 1975);

설류나 문인(文人)들의 독서기록을 분석해보면 민간루트를 통해 전파된 중국서적이 조선의 문학에 상당한 영향을 미쳤으며,101) 민간루트로 중국서적이 유입된 결과 조선의 독서문화와 장서문화가 발달하고, 서적의 유통방식에도 변화가 생겼음을 알 수 있다.102)

출판문화의 확산은 조선과 일본에서 각기 다른 반향을 일으켰다. 명청교체로 이민족이 한족을 대신하여 중화를 다스리게 되자, 조선에서는 송시열(宋時烈) 등이 북벌론(北伐論)까지 내세우며 반청(反淸)적인 소중화론(小中華論)을 본격 발동시켰다. 그러나 사행(使行)을 통해 청의 문물과 서적을 접했던 북학론자들은 새로운 국제질서에 대해 합리적으로 대응하려는 자세를 보였고, 그 결과 18세기에는 반청이라는 편협한 의식을 극복하고 문화적 우월의식의 소산으로서 소중화의식(小中華意識)을 발전시키게 되었다.103)

한편 일본에서는 1674년에 『화이변태(華夷變態)』라는 서적이 저술되어

윤남한, 『朝鮮時代의 陽明學硏究』(서울: 集文堂, 1982); 張存武, 「淸代中國對朝鮮文化之影響」, 『淸代中韓關係論文集』(臺北: 臺灣商務印書館, 1987); 이현, 「淸學東傳에 대한 一檢討-燕行을 중심으로」, 『가라문화』 9(1992); 김문식, 「18세기 후반 서울 學人의 淸學인식과 淸 文物 도입론」, 『규장각』 17(1994); 白新良主編, 『中朝關係史-明淸時期』, 「6章」, 「8章」(北京: 世界知識出版社, 2002); 劉爲, 『淸代中朝使者往來硏究』, 「8章」(哈尔濱: 黑龍江敎育出版社, 2002).

101) 최용철, 「明淸소설의 동아시아 전파와 교류-『剪燈新話』를 중심으로」, 『중국학논총』 13(2000); 박재연, 「綠雨堂에서 읽었던 중국소설에 대하여」, 송일기·노기춘 편, 『海南 綠雨堂의 古文獻』(1冊)(서울: 태학사, 2003); 김영선, 「中國類書의 한국 傳來와 收容에 관한 硏究」, 『서지학연구』 26(2003); 윤세순, 「16세기 중국소설의 국내유입과 향유 양상」, 『민족문학사연구』 25(2004).

102) 강명관, 「조선후기 서적의 수입·유통과 藏書家의 출현」, 『민족문학사연구』 9-1(1996); 「조선후기 京華世族과 古董書畵 취미」, 『동양한문학연구』 12(1998); 김영진, 「朝鮮後期의 明淸小品 수용과 小品文의 전개 양상」(고려대 박사학위논문, 2004); 이민희, 『16~19세기 서적중개상과 소설·서적 유통관계 연구』, 연세국학총서 85(서울: 역락원, 2007). 문학방면의 연구에서 비롯된 이러한 경향은 철학사, 미술사, 과학사 등의 방면으로도 확대되고 있는 추세인데, 따라서 중국서적의 讀書경험이 조선의 사상과 예술, 西學지식 및 대외인식 등에 어떠한 영향을 미쳤는지에 대해서도 고찰하게 되었다. 홍선표 外, 『17·18세기 조선의 외국서적 수용과 독서문화』(서울: 혜안, 2006).

103) 조영록, 「朝鮮의 小中華觀」, 『역사학보』 149(1996), pp.112-117, pp.130-135.

화(華)와 이(夷)의 교체인 명청교체를 유쾌한 일로 받아들이고 있었는데, 일본은 화이질서의 역전을 경험하면서 스스로의 군사적 우월의식에 기반한 일본형 화이관(華夷觀)을 개발하기에 이르렀다.[104] 그런데 당시 일본에서 한족이 이민족에 의해 대체된 것을 '변태적 화이상황'으로 기록했던 것은 명조를 화(華)로, 청조를 이(夷)로 인식하는 중국식 화이관(華夷觀)이 당시 조선뿐 아니라 일본에도 공유되고 있었음을 증명하는 것이다. 이와 같은 사정은 송(宋)이 금·원(金·元) 등 이민족 왕조에 의해 대체되었을 때에는 나타나지 않았던 현상으로서, 이로써 송대와 비교할 때 17세기는 동아시아 내부에서 사고의 일체화가 훨씬 진전되어 있었다는 것을 알 수 있다.[105]

조선은 왕조를 중심으로 중국에서 전파된 서적과 지식을 국내의 실정에 맞게 선별적으로 활용했는데, 유교정신에 기반을 둔 관료국가라는 점에서 중국과 공통점을 가지며, 선진문물로서 최신의 중국서적과 정보를 수집하려 항시 노력했던 조선이었지만, 중국서적을 재생산하고 실제 활용할 때에는 철저히 조선의 필요에 따라 선별했다. 그 방향은 주자학적 이상에 따라 왕조의 통치에 도움이 되도록 서적을 선별하고 조선에서 재생산하는 것이었다.

일본으로 확산된 중국의 출판문화는 조선과는 상당히 다른 양상을 보였다. 우선 서적의 확산 방식에서도 사행에 부수하는 것이 아니라 상품으로 취급되어 화물선에 실려 대량으로 수입해 들여갔다. 또 서적의 종류에 있어서도 조선처럼 왕조통치에 기여할 수 있는 주자학적 서적이 위주가 된 것이 아니었고 그리스도교 관련 서적이나 도쿠가와 막부의 통치에 위협이 되는 서적이 아니라면 특별한 제한 없이 수용했다. 이러한 상황은 이후 양 세계에 많은 차이를 일으켰는데, 일본의 경우는 다음 장에서 자세하게 다루기로 한다.

---

104) 荒野泰典, 『近世日本と東アジア』(東京: 東京大學出版會, 1988), pp.56-59. 조영록, 위의 논문에서 재인용, p.128.

105) 岸本美緒·宮嶋博士, 『明淸と李朝の時代』(東京: 中央公論社, 1998), p.196.

제5절 소결

17세기 중국의 출판문화는 격변하는 명·청 교체기의 특징을 고스란히 담고 있었다. 명 왕조의 통치력이 쇠락해가면서 재야에서 분출되었던 개혁론과 대외적 위기의식은 각종의 경세서적(經世書籍)으로 출판되었고, 명말의 혼란에 대처하지 못하는 주자학에 대한 회의는 양명학 서적의 유행과 '이단' 적 시각을 가진 저술의 유행을 불러왔다. 강남의 주요 도시에서 발달한 소비문화는 통속문학서적의 출판으로 표현되었고, 경제력 상승과 생활의 다양화, 서민의식의 상승 등은 각 종 실용서적과 오락서적의 출판으로 이어졌다.

만주족이 세운 청 왕조는 정치·사회적 질서를 회복하고 정통 주자학의 권위를 부활시키기 위해 대대적인 출판사업을 진행하였다. 유가사상을 통치의 보완수단으로 삼고 나아가 한족과 만주족의 민족화합을 이루는 데 활용하고자 했던 청 왕조의 의도는 출판사업을 통해서 가장 효과적으로 실행될 수 있었다. 이민족 왕조에게 굴복할 수 없었던 한족들은 중화의 문화를 복원하고 계승한다는 문화적 긍지를 가지고 청 왕조에게 신복할 수 있었던 것이다.

이상 명말의 위기와 왕조 교체기의 혼란기를 거쳐 청 왕조에 의해 다시 사회질서가 안정될 때까지, 출판은 정치·사회적 역할을 다했다. 이처럼 출판이 격변하는 17세기의 정치사회적 요구에 탄력적으로 대응할 수 있었던 것은 16세기 말에서 17세기 초엽에 이미 대량출판의 시대로 접어들었기 때문이다.

특히 상업출판이 발전하여 서적이 상품으로 취급된 것은 서적의 대중적 확산으로 이어졌는데, 누구나 경제력만 있다면 서적을 사고, 자신에게 필요한 지식을 습득할 수 있게 된 사실은 이전 시기까지 서적과 지식이 통치계급의 전유물로만 여겨지던 상황을 완전히 바꾸어 놓았다. 서적이 상품으로 취급된 것이 명말에 처음 있었던 일은 아니다. 그러나 명말 이후는 급속한 상업화의 전개 때문에 서적을 매매하는 일이 전(全) 사회에 걸쳐 모든 종류의 지식을 담은 서적을 대상으로 이루어졌다는 점에서 이전 시기와는 차별성을 가진다.

　상업출판의 유통망을 따라 서적만 팔리는 것이 아니라 서적이 담고 있는 내용도 신속하게 유통되었다. 이러한 사실은 명·청 교체기와 같이 혼란한 시대에 신분질서의 변화를 초래하고 위기의식을 전파하는 수단이 되었으며, 청 왕조에 의해 다시 정치사회적 질서가 안정되기 시작하던 시기에는 문화적 통합을 이루는 데 초석이 되었다.

제4장
17세기 일본의 출판문화

　일본의 17세기는 도쿠가와(德川) 막부(幕府)의 통치와 더불어 시작되었다. 일본의 역사는 이때부터 근세(近世)로 분류되는데 막부가 에도(江戶)에 위치해 있었기 때문에 에도시대(江戶時代), 혹은 에도막부시대(江戶幕府時代)라고도 한다. 1603년에 시작된 도쿠가와 막부의 통치는 메이지유신(明治維新)으로 막을 내릴 때까지 안정적으로 유지되어 일본사회에 약 260여년에 걸친 유례없는 태평(太平)의 시기를 가져다 주었다.

　이 시기에 꽃핀 문화는 일본 전통시대의 문화를 총결하는 의의를 가진다고 할 수 있는데, 이것은 도쿠가와 막부가 중세의 정치적 혼란과 전쟁을 끝내고 통일과 질서를 유지했다는 사실 위에서 가능한 일이었다. 즉 막부가 주자학(朱子學)을 수용하자 문운(文運)이 흥기하는 가운데 철학과 학술이 발달하였다. 경제가 번영하고 도시가 발달하면서 도시에 거주하는 상공업자 계층인 조닌(町人)이 성장하자 다양한 서민문화가 출현했다. 또한 막부의 주도 아래 대외관계가 통제되면서도 외부문화가 지속적으로 유입되어 일본의 근세사회를 더욱 풍요롭게 만들었다. 17세기에 시작된 이러한 일련의 움직임들은 18세기에 이르러 절정을 이루면서 일본 전통시대의 문화를 정합하는 데 초석이 되었다. 물론, 중세의 혼란한 시기에도 정치·경제의 중앙집권화를 지향하는 지방 세력가들의 다양한 노력이 이어졌고, 일부 다이묘(大名)들의 후원 아래 지속적인 발전과 변화를 경험한 문화적 다양성이 잠재되어 있었다는 사실이 17세기부터 전통문화를 총결해 나가는 데에 배경이 되었음도 지적해야 할 것이다.

17세기가 이상과 같은 위상을 갖는 데 주요한 원동력이 된 것은 출판의 발달이었다. 16세기 말 서양활자와 조선활자가 유입된 이래 출판문화가 서서히 활발해지던 가운데, 17세기가 되면 목판인쇄가 발달하여 일본에서도 대량출판의 길이 열렸다. 같은 시기 중국에서 발달한 상업출판의 여파는 일본에게도 적극적인 영향을 미쳐 중국서적의 적극적인 수입이 이루어졌을 뿐 아니라 중국서적을 그대로 번각(飜刻)하는 화각본(和刻本) 출판이 성행하였다. 경제번영과 인구성장, 정치적 안정 등이 새로운 지식과 정보에 대한 욕구를 자극하였고 출판은 이에 부응하며 새로운 시대의 개막을 증명하고 있었다.

이 장에서는 동아시아의 변혁기라는 커다란 흐름을 겪으면서 17세기 일본의 출판문화가 어떠한 자기만의 특징을 갖게 되었는지, 전통문화의 정합이 절정에 도달하게 될 차세기에 어떠한 전망을 제시했는지 그 위상을 고찰해 보고자 한다.

제1절 시대적 배경: 통일정권의 수립과 대중문화의 번영

동아시아의 격변기였던 17세기는 일본의 역사에서도 일대 격변기였다. 전쟁과 기근, 밀무역 등으로 야기된 사회변동이 동아시아의 사회성격을 이전 시기와는 다른 것으로 바꾸어 놓았듯이, 16세기 말의 격동적 상황이 끝날 무렵 일본의 역사도 근세라는 새로운 시기를 맞이하고 있었다. 본 절에서는 이러한 17세기의 상황을 정치·사회경제·사상의 세 가지 측면에서 고찰할 것이다. 후술하겠지만, 17세기 일본의 정치·사회경제·사상적 상황은 출판문화가 발전할 수 있는 안정적인 기반이자 활기찬 요소로 작용하였다.

우선 정치적인 면에서는 중세의 오랜 혼란이 끝나고 막부에 의해 통일정권이 수립되면서 안정적으로 문화가 발달할 수 있는 토대가 마련되었다.

무사(武士)가 군사력을 바탕으로 정치를 장악하며 이른바 무가정권(武家政權)을 수립한 것은 12세기 가마쿠라(鎌倉) 막부 시절부터의 일이었지만 조정(朝廷)의 권위를 넘어서는 정치력을 확보하게 된 것은 16세기 말의 일이었다.[1] 주지하다시피 오다 노부나가(織田信長, 1534~1582)는 중세 말 정치적 혼란 속에서 40여 년간의 전란(戰亂)을 거치며 경쟁자들을 물리치고 통일의 기반을 닦았다. 그는 조정의 귀족들과 긴밀히 연결되어 무사계층에 저항했던 정토종(淨土宗)의 투쟁을 과감히 진압하였고 조정에 종속되어 있던 막부체제를 독립시켜 명실상부한 정권으로 성장할 수 있는 기틀을 마련하였다.[2]

그 뒤를 이어 무사제도를 체계화한 것은 도요토미 히데요시(豊臣秀吉, 1537~1598)였다. 히데요시는 각 다이묘(大名)들의 지배영역을 확정하고 중앙정부와의 관계를 상정함으로써 막부의 지배력이 일본 전역에 미치도록 만들었다.[3] 뿐만 아니라 농민과 상인은 무기를 소지할 수 없다는 금령(禁令)을 반포하여 지배체제의 말단을 안정시킬 수 있었다. 민란이 일어날 수 있는 소지가 사전에 차단되었기 때문이다. 오직 무사들만이 무장할 수 있는 권리를 갖게 되자 무사는 농민보다 사회적으로 높은 지위를 차지하게 되었

---

1) Asao Naohiro, Marius B. Jansen, "Shogun and Tenno," John Whitney Hall, Nagahara Keiji, and Kozo Yamamura, eds., *Japan before Tokugawa: political consolidation and economic growth, 1500-1650* (Princeton: Princeton University Press, 1981), pp.249-255.

2) G. Sansom, *A History of Japan 1344~1640* (Stanford: Stanford University Press, 1981), pp.310-315.

3) Mary Elizabeth Berry, *Hideyoshi* (Cambridge: Harvard University Press, 1982), pp.92-98.

다. 또 무사는 농민의 신분을 겸할 수 없다는 병농분리(兵農分離) 정책을
표방하여 무사를 독립적인 신분으로 만들었다. 이로써 무사는 농촌에서 분
리되어 자신이 속한 영주의 군인으로서 도시에 거주하게 되었다. 도시라는
새로운 공간에서 무사들은 자신들의 상관에게 더욱 충성하게 되었고 무가
의 상하 질서는 견고하게 확립되었다. 이러한 일련의 조치는 무사의 지배가
일본 전역에 걸쳐, 사회의 말단에까지 이를 수 있는 기반을 마련하였다.

이상의 성과 위에서 도쿠가와 이에야스(德川家康, 1543~1616)가 정치적
통일뿐 아니라 사회·경제적 통합까지 이루게 될 에도(江戶) 막부를 열었음
은 주지의 사실이다. 히데요시의 휘하에 있던 이에야스는 히데요시가 사망
한 직후인 1600년에 세키가하라(関ヶ原)전투에서 히데요시의 지지 세력들
을 상대로 압승을 거두었고, 1603년에 정이대장군(征夷大將軍)에 임명되었
다. 세키가하라 전투는 히데요시가 장악하고 있던 권력이 이에야스에게 넘
어가고 있음을 보여주는 신호와도 같은 전쟁이었다. 이어서 1605년 히데요
시의 근거지였던 오사카(大阪)에서의 전투마저 승리하자 패권은 완전히 이
에야스에게 집중되었다.[4] 그는 1613년 공가중법도(公家衆法度)를 공포하여
조정의 무사 임명권을 박탈하였고, 1615년에는 천황과 조정의 고위 대신(大
臣)들이 지켜야 할 예법 및 행동강령을 규정한 금중병공가제법도(禁中並公
家諸法度)를 공포하여 조정이 정치에 관여하는 것을 제한하였다.[5] 17세기
초반, 도쿠가와 막부시대에 이르러 무가정권은 일본의 지배체제로 확실하
게 자리매김하게 된 것이다.

이 시기에, 통일정권으로서 막부체제의 기강을 확립하였던 지도자는 세
사람을 꼽을 수 있다. 첫 번째 인물은 에도막부의 창시자였던 이에야스이
고, 두 번째는 3대 쇼군이었던 이에미쓰(家光, 재위 1623~1651), 마지막은
5대 쇼군이었던 쓰나요시(綱吉, 재위 1680~1709)이다. 창업자 이에야스가

---

4) Butler Lee, "Tokugawa Ieyasu's Regulations for the Court," *Harvard Journal of Asiatic Studies*, 54-2(1994), p.519.
5) *Ibid.*, pp.510-511.

통일의 과업을 완수하여 발전을 기반을 닦았다면, 3대 쇼군 이에미쓰는 그 위에 구체적인 정책과 제도를 더하여 막부제도의 틀을 완성했다.[6] 후술하겠지만 두 사람의 절대적인 통치력은 사회경제적 발전의 토대가 되었다. 이러한 기반 위에 5대 쇼군 쓰나요시는 문화의 후원자가 되었다. 그는 일본 문화의 전환점으로 평가되는 원록시대(元祿, 1688~1704)를 통치한 쇼군으로서, 도쿠가와 쇼군 가운데 가장 학구적이었다는 평가를 받는 인물이다.[7] 쓰나요시는 유학(儒學)의 열렬한 후원자였을 뿐 아니라 한학(漢學)과 불교 연구의 성실한 후원자였다. 그의 치세 동안 학술과 문화는 탄탄한 발전을 이루었다. 이러한 상황에서 출판문화는 급속하게 성장할 수 있었고, 또 거꾸로 출판의 융성에 의해서 학술과 문화의 발전이 더욱 가속되었음은 쉽게 예상할 수 있는 일이다.

다음으로 사회경제적인 면에서 17세기를 살펴보면, 도시가 발달하고 상업이 번창하였으며 그 결과 도시 거주민과 상인을 중심으로 새로운 문화현상이 태동하였다.

히데요시가 무사들을 도시에 거주시켰음은 전술한 바이다. 전쟁이 끝난 도쿠가와 막부시절에 무사가 사는 도시는 행정 중심지로 발전하게 되었고 무사들은 마치 행정관료와 같은 모습으로 지배층을 형성하고 있었다. 이처럼 도시는 무사의 거점으로서 쇼군과 다이묘의 지원을 받으며 발전했지만, 도시를 중심으로 탄생한 새로운 문화현상이란 오히려 도시의 발전에 동원되었던 기능인들과 관련이 깊다. 예를 들면, 도시 공사(工事)의 유행과 맞물려 출현했던 목재 거상(巨商)들의 소비문화가 그러하다. 히데요시가 오사카 성(城)의 건축과 정비에 주력했던 것처럼 이에야스도 에도를 일본의 중심 도시로 건설하기 위해 성(城)을 보수하고 하천의 토목공사를 확장하였

---

6) 오와데 데쓰오 감수/이언숙 옮김, 『도쿠가와 3대』(서울: 청어람미디어, 2003), pp. 206-207.

7) Donald Shively, "Tokugawa Tsunayoshi, the Genroku Shogun," *Craig and Shively, Personality in Japanese History* (Berkeley: University of California Press, 1970), pp.85-126.

는데, 이러한 경향은 다이묘들의 건축 붐으로까지 이어졌다. 여기에 5대 쇼군 쓰나요시의 치세에 빈번하게 사찰 조영사업이 일어나자 목재를 조달하는 거대 상인이 성장하게 된 것이다. 17세기 중반에 기노쿠니야 분자에몬(紀伊國屋 文左衛門), 나라야 모자에몬(奈良屋 文左衛門) 등 목재를 취급하는 신흥부상이 에도의 유흥가에서 사치스러운 행적을 남겼다는 것은 매우 유명한 이야기이다.

무사들에게 필요한 물품을 공급하는 상인들이 도시로 모여들고 상품경제가 발달하게 되자 보다 건실한 신흥 상인들도 성장하게 되었다. 대표적인 사례로 에도에서 포목점을 운영하다가 막부를 상대하는 상인으로 성장한 미쓰이 다카토시(三井高利)를 들 수 있다. 미쓰이 가(家)는 마치 무가(武家)처럼 엄격한 가법(家法)을 정해 놓고 후손들에게 상인으로서의 도리를 가르친 것으로도 유명하다. 특히 18세기 초가 되면 다이묘를 상대로 하는 투기적인 금융사업을 삼가도록 하는 가법을 제정하여 권력에 휘말리지 않고 장기적으로 가업을 계승할 수 있는 전망도 제시하였다.

'도시의 시대'라고 불릴 만큼 눈부시게 성장했던 17세기 후반의 도시의 상업경제와 문화의 발달은 위와 같은 신흥 상인들에 의해서 이루어졌다고 해도 과언이 아니다.[8] 이들은 특권상인으로 출발하여 유통을 장악하며 17세기의 경제성장을 이끌었다. 단, 같은 17세기의 상인이라고 해도 전기에 활동했느냐, 후기에 활동했느냐에 따라 그 성격을 달리 규정하는 것이 일반적인 견해이다. 대개 17세기 전반에 활약했던 상인들은 17세기 말부터 본격적으로 만개하는 조닌(町人)문화의 담당자인 상인들과는 차별성을 가지고 있다고 지적되어 왔다. 즉 17세기 중반까지 활약했던 거상(巨商)들은 투기적 해외무역과 광산경영, 토목사업을 통해 거액의 부를 축적한 상인들이었는데, 경제력을 바탕으로 사치스러운 문화활동을 영위했던 이들은 17세기 중반 이후에는 막부의 쇄국정책 때문에 해외무역의 길이 막혀버리자

---

8) 岩淵令治,「江戸の都市空間と住民」, 高埜利彦編,『元祿の文化と社會』(東京: 吉川弘文館), p.223.

빠른 속도로 몰락하기 시작했고, 이들이 사라진 자리에 일상물자를 취급하는 보다 근면한 시민계층이 새로운 상인으로 등장했다는 것이다.9) 이처럼 17세기 후반부터 광범위하게 성장한 상인들이 18세기에 본격적으로 만개하게 될 조닌문화의 주인공들이었음은 주지의 사실이다.

도쿠가와 막부시절, 쇼군의 성(城)과 다이묘의 조카마치(城下町)는 약 260여 개에 달했던 것으로 추정되는데 이 가운데 대부분이 17세기 초반에 건립된 것이다.10) 17세기부터 일본 전역에 건립된 도시는 행정의 중심지였을 뿐 아니라, 상업경제의 번영을 기반으로 하는 소비와 오락 문화의 중심지로 발달하고 있었다.

마지막으로 사상적인 면에서 17세기를 살펴보면, 막부의 보호 아래 주자학이 수용되었고 유학에 기반한 교육이 확산되어 가고 있었다.

『덕천실기(德川實記)』의 기록에 의하면, 이에야스는 군사적·정치적 지배를 보완하기 위해 유학에 관심을 가지고 있었는데 특히 유교의 이데올로기에 의해서 사회질서가 유지될 것을 기대하고 있었다.11) 이러한 기대에 부응하며 일본에서도 유학자들이 탄생하게 되었다. 대표적인 인물로는 하야시 라잔(林羅山, 1583~1657), 야마자키 안사이(山崎闇齋, 1618~1682), 가이바라 엣켄(貝原益軒, 1630~1714) 등을 들 수 있다. 이들은 각각 전쟁을 마감하고 통일정권 시기의 안정적 질서를 원했던 이에야스 시대와, 확고한 무가의 지배체제 확립을 요하던 3대 쇼군 이에미쓰 시대, 그리고 새롭고 활기찬 문화에 대한 수요가 확산되기 시작했던 5대 쇼군 쓰나요시 시대의 정신을 대표하고 있었다고 해도 과언이 아니다.

도쿠가와 유학의 창시자, 혹은 일본 주자학의 창시자라고 불리 우는 하야시 라잔은 승려에서 유학자로 전향하여 막부에 고용되었던 인물이다. 라

---

9) 梅棹忠夫編/이원희 譯, 『일본문명의 이해』(서울: 중문, 1992), pp.104-105.

10) Tokugawa Tsunenari, *The Edo Inheritance* (Tokyo: International House of Japan, 2009), pp.74-75.

11) 미나모토 료엔/박규태·이용수 역, 『도쿠가와 시대의 철학사상』(서울: 예문서원, 2000), p.31.

잔은 주자학만을 정통으로 인정하며 양명학을 배척하였는데, 상하의 신분 차별이 선천적인 것임을 강조하며 위계적 사회질서를 정착시키는 데 일조 했다. 그는 이에야스 이후 4대에 걸쳐 쇼군을 섬기며 무가정권의 지배를 정당화하는데 이론적 초석을 쌓았다.

유학 가운데에서도 특히 송대 주자학을 신봉했던 라잔의 신념은 야마자 키 안사이에 의해서도 철저하게 고수되었다. 안사이는 시문(詩文)을 짓는 행위조차도 경계하며 오로지 주희(朱熹)의 저작에만 천착하며 공부할 것을 주장했을 만큼 완고한 주자학자였다. 그에게 학문이란 『사서집주(四書集 註)』와 『근사록(近思錄)』 등 주자학의 핵심 텍스트를 암송하며 오로지 주자 에 의해서 정리된 진리와 정신을 주입하는 것이었다. 안사이는 사숙(私塾) 을 운영하며 이러한 주장을 설파하였는데 그의 철학은 강한 신념과 맹목적 인 충성을 원하는 다수의 다이묘들에게 환영받았다.

가이바라 엣켄의 사상은 17세기 중반 이후 사회경제적 발달 위에서 태동 하던 새로운 분위기를 반영하고 있다. 특히 그는 민중교화를 중시하며 다 수의 민중 교화서를 저술하였는데 엣켄의 이러한 자세는 유학이 지배층만 의 사상에서 벗어나 민중사이로 침투하고 있었음을 짐작하게 한다. 그는 주자학적 도덕을 강조하면서도 교육을 통해 민중 사이에서 자연스럽게 융 화되어 보편적인 도덕으로 정립되기를 희망했다. 즉 그는 라잔과 안사이에 비하면 한결 유연한 학문적 태도를 가지고 있었다고 볼 수 있다. 엣켄은 경험주의적 관점을 중요하게 여겨 지리학과 본초학 관련 저술도 남겼다.

이상, 17세기를 거치며 주자학이 수용되자 일본 사회는 현세의 인륜(人 倫)이 강조되는 사회로 변모하게 되었다.12) 즉 이전 시기가 불교적 내세(來 世)와 신앙에 의한 구원을 강조하던 시기였다면, 17세기는 현실 사회에 대 한 관심이 높아지며 세속(世俗)의 질서와 안정을 보다 강하게 추구하는 시 기였다. 상하의 신분차별이 당연한 일로 받아들여지면서 사람들은 위계적 사회질서를 긍정하고 자신의 신분에 안주하게 되었다. 이로써 무사계급의

---

12) 위의 책, p.37.

지배는 정당화될 수 있었다. 동시에 무사계급에게는 중국의 사대부에게 주어졌던 것과 같은 사회적 책임이 강조됨으로써 위계질서의 최상층에 존재하는 쇼군의 권력이 안정화되는 데 도움이 되었다.

그런데 주자학을 군사적·정치적 통치를 보완하는 수단으로 활용하기 위해서는 주자학의 이념을 확산시키는 일이 필수적이다. 따라서 막부는 교육을 강조하게 되었다. 번(藩)에는 번교(藩校)를 설립하여 상층의 무사들을 교육시켰고 개인교사와 불교 승려들을 통해서 무사계층의 아이들을 가르쳤다. 처음에는 교육의 목적이 무사들을 개명시키기 위한 것이었으나 차츰 서민을 대상으로 하는 교육으로도 확대되었고 데라코야(寺子屋)와 같은 초등교육기관이 설립되어 서민들의 자제를 교육시키게 되었다. 이러한 상황은 사회 전반의 식자(識字)능력을 높였을 뿐 아니라 서적의 수요를 증가시켜 출판문화가 흥성하는 데 자극이 되었다.

제2절 17세기 일본의 출판 상황

1. 주자학(朱子學)의 수용과 교육용 서적의 출판

막부제도는 쇼군(將軍) 휘하의 다이묘들이 자신의 영지(領地)인 번(藩)에서 자치권을 행사하는 봉건제(封建制) 방식의 제도였다. 따라서 17세기 일본의 정치체제는 같은 시기 중국이나 한국에서 시행된 것과 같은 중앙집권체제는 아니었다. 그러나 도쿠가와 막부가 비록 중국의 황제와 같은 일원적(一元的) 중앙권력을 유지하지는 못하였어도 최소한 근세 일본의 정치·사회에 가장 주요한 통수권자였음은 분명하다.

막부는 지배체제를 안정시키고 사회통합에 유용한 방법들을 고안해야 했는데, 그 중 하나가 지배 이데올로기로서 중국의 주자학을 수용하는 것이었다. 에도시대에 주자학이 정치체제와 사회윤리로서 어느 정도 침투해 있었는가 하는 문제는 아직도 의견이 분분하다. 초기 연구자들은 주자학의 정치·사회적 역할을 중시했다. 즉 17세기 초엽부터 주자학이 지배층에 의해 적극적으로 수용되었고 17세기 말이 되면 관학(官學)으로 공인되어 학교 교육에 포함되었다고 보았다. 각급 학교에서 주자학을 가르치게 되자 유학을 연구하는 각 학파가 형성되었고 무사계급도 어느 정도는 주자학적 교양을 가지고 있었다는 것이다.13) 그러나 1980년대 이후로는 주자학이 체제교학(體制敎學)으로서 확고한 지위를 차지하고 있었다는 것에 동의하지 않는 연구들이 등장했다. 이 연구들은 특히 17세기 일본사회에서 주자학의 역할에 대해 회의적이었다. 분명 도쿠가와 막부 초기부터 주자학에 대한 관심이 있었던 것은 사실이지만 막부권력과 결합한 지배 이데올로기로 활용된 것은 아니라는 것이다. 또 사회전체에서 보더라도 주자학이 광범위하게 수용된 것으로 보기 어렵다고 지적했다.14)

주자학은 도쿠가와 막부가 성립되기 이전부터 선진적인 중국문화의 일부로서 지배층에 수용되고 있었다. 중국에서 주자학이 집대성된 지 그리 멀지 않은 시기인 13세기 중엽, 일본의 선종(禪宗) 승려들은 중국 송나라로부터 주자학 경전(經典)들을 들여오고 있었다. 당시 주자학은 중국서적에 관심을 가지고 있던 귀족 승려들이 선(禪)의 교리와 비슷한 점을 발견하고 그 이해를 심화시키기 위해 수용하고 있었던 것으로서, 주자학 자체가 독립적으로 학습된 것은 아니었다. 그러나 주자학의 지식은 당시 지식인들에게 자극을 주어 14세기에 이르면 이세신도(伊勢神道)를 확립시키려고 하였을 때『태극도설(太極圖說)』을 인용한다든지 하는 방식으로 활용도가 높아지고 있었다. 14세기 말~15세기 초반에 이르면 전문가의 가학(家學)으로 독점될 정도로 주자학 연구가 심화되었다.

---

13) 대표적인 연구로는 丸山眞男,『日本政治思想史硏究』(東京: 東京大學出版社, 1952)가 있다.

14) 渡邊浩,『近世日本社會と宋學』(東京: 東京大學出版社, 1986); 渡邊浩,『東アジアの 王權と思想』(東京: 東京大學出版社, 1997), pp.123-134 참조.

1467년 오닌(應仁)의 난(亂)으로 전국시대(戰國時代)가 시작되었을 때, 교토(京都)에 살고 있었던 대신(大臣)과 승려들이 전란을 피하여 지방으로 도주하는 사태가 발생했다. 이것은 중앙문화가 지방에 전파되었다는 점에서 매우 중요한 사실이었는데, 주자학의 지식도 그러한 문화 가운데 하나였다.

이후 주자학은 지방으로 확산되었지만 그것이 곧 유학자(儒學者)의 탄생을 의미하는 것은 아니었다. 주자학을 학문대상으로 삼아 유학의 유파를 형성하기 시작하는 것은 전술하였듯이 도쿠가와 막부의 성립 이후의 일이었다.15) 그 역할을 담당했던 대표적인 인물은 무사계층의 후원을 받았던 후지와라 세이카(藤原惺窩, 1561~1619), 하야시 라잔(林羅山, 1583~1657), 야마자키 안사이(山崎闇齋, 1619~1682) 등이었다. 앞 절에서도 소개한 바와 같이, 이들 가운데 하야시 라잔은 이에야스에게 어용학자(御用學者)로 선발된 이후 4대에 걸쳐 쇼군을 모시며 일본 주자학 발전의 시조가 된 인물로 평가받고 있다.

확실히 이에야스는 주자학이 통치에 도움이 될 것이라는 생각을 하고 있었다. 그래서 라잔을 비롯한 유학자들을 고용했고 또 주자학 경전 공부의 필요성도 역설하였다. 다이묘들 가운데에서도 번(藩)의 안정적 통치를 위해 유학자들을 후원하는 사람들이 있었다. 따라서 주자학이 막부권력의 체제 이데올로기로서 기능했는가, 전체 일본사회에서 어느 정도로 수용되었는가 하는 문제는 논쟁의 여지가 있겠지만, 적어도 지배층에 의해서 호의적으로 수용되고 있었다는 것만은 확실하다. 또 이전 시기 유학에 관심을 가지고 있던 지식인들이 대부분 승려였다는 점에서 알 수 있듯이, 중세까지 주자학은 선종(禪宗)의 연장선상에서 수용되었던 것에 비해 도쿠가와 막부 시기부터는 주자학 자체에 대한 관심을 가지고 수용되기 시작했다는 것도 중요한 변화였다.

이상은 출판문화사에 중요한 전기를 마련하였다. 관학(官學)을 지향하며 주자학이 수용되기 시작하자 교육과 학문을 장악하기 위한 정책이 마련되

---

15) 澤井啓一, 「日本에 있어서의 新儒敎의 전개」, 『종교와 문화』 4(1998) 제2장 참조.

었고, 자연히 지배층의 후원을 받으며 교육용 서적의 출판이 이어졌기 때문이다. 특히 17세기 중후반이 되면 유학이 획기적으로 보급되고 이에 따라텍스트의 출판도 확산되었다. 5대 쇼군 쓰나요시는 자신의 치세 동안 학문이 유행하도록 장려하면서 주자학적 이상(理想)을 담은 교훈(教訓) 및 패찰(牌札)을 수차례 간행하였다.[16] 쓰나요시는 하야시 라잔의 가숙(家塾)을 확장시켜 탕도성당(湯島聖堂)을 짓도록 하고 공자를 모시는 교육시설로 만들기도 했다. 탕도성당은 도쿠가와 막부 후반까지 주자학 연구와 확산의 중심지로 확대·개편되었다.[17]

이러한 경향은 각 번(藩)에서도 일어났고 궁극적으로는 서민교육방식으로도 확산되었다. 다이묘들은 번교(藩校)를 세우고 유학자들을 고용하여 무사층을 교육하는 정책을 채택하였으며 교육과 학문에 필요한 텍스트의 출판을 지원하였다. 번교의 건립이 활성화된 것은 18세기 중반부터의 일이었고 그 이전까지 확인 가능한 번교의 숫자는 30여 곳에 불과하지만 다이묘의 지원에 의한 출판의 확대는 17세기부터 시작되고 있었다.[18] 이러한 분위기는 사숙(私塾)의 확대로 이어졌다. 서민을 상대로 하는 교육에서도 한학(漢學)의 입문서를 필요로 하는 상황이 되자 상업출판 역시 주자학 경전을 출판하게 되었다.[19]

---

16) 吉川幸次郎, 『荻生徂徠』, 日本思想大系36(東京: 岩波書店, 1973), pp.442-443.

17) 탕도성당(湯島聖堂)은 18세기 말엽에 이르면 막부가 직접 운영하는 창평판학문소(昌平坂學問所)로 확장되어 관학으로서 주자학의 위상을 증명하는 곳이 되었다. 창평판학문소에 대해서는 眞壁仁, 『德川後期の學問と政治: 昌平坂學問所儒者と幕末外交變容』(東京: 名古屋大學出版會, 2007) 참조.

18) R. P. Dore, *Education in Tokugawa Japan* (London: Athlone Press, 1984).

19) Richard Rubinger, *Private Academies of Tokugawa Japan* (Princeton, N.J.: Princeton University Press, 1982).

2. 문민사회로의 변화와 인쇄기술의 발달

중세까지 독서(讀書)가 가능한 사람들은 조정의 관료와 지식인들뿐이었다. 기본적인 식자(識字)가 가능한 집단까지 고려하면, 법령반포와 정책시행의 여부를 판단해야 했던 일부 무사계층과 회계장부를 작성해야 하는 일부 상인들이 읽고 쓰는 능력을 가졌다고 볼 수 있다. 이러한 사정은 17세기부터 크게 변모하였다. 앞에서 서술한 바와 같이 주자학이 도입되고 교육이 확대되자 무사계층 일반의 식자능력이 상승된 것이다. 특히 전쟁이 끝나고 오랜 평화의 시기가 도래하자 도시에 거주하는 무사들은 행정 관료와 같은 모습으로 변모하고 있었다. 17세기 후반이 되면 글을 읽지 못하는 무사는 시대에 뒤떨어진 존재라고 지적받을 만큼 무사계층의 독서능력은 향상되었다.20) 또 17세기 막부는 불교사찰을 통한 주민등록제를 실시하였는데, 촌락의 지도자는 사찰에 등록할 주민들의 인적사항과 인구를 파악하기 위해서 문서 해독능력을 지녀야 했다. 즉 17세기 일본사회는 차츰 문민사회로 변화하고 있었던 것이다.

여기에 17세기 중후반부터 데라코야를 통한 서민교육이 확대되고 꾸준히 서적을 접하는 서민들의 숫자가 늘어나면서 일반 서민들의 식자능력도 향상되었다. 후술하겠지만 교통이 발달하면서 사람들의 왕래가 잦아지자 17세기 후반부터는 여행이 유행하게 되는데, 이 즈음에 막부는 사람들의 통행이 많은 교통요지에 공고문을 설치하였다. 이것은 서민들이 공고문을 이해한다는 의미이다. 도쿠가와 막부가 주자학의 가치에 몰입하면서 도덕적 교육을 통해 통치의 안정을 이루려 했던 노력은 식자능력의 확산과 독서인구의 증가라는 결과를 가져왔다. 이러한 사정은 자연히 출판문화의 발달을 촉진했다. 서적과 출판이 지배계층에 의해 독점되었던 15~16세기와는 다른 변화가 야기된 것이다. 교육용 서적에서 시작된 이러한 변화는 시간

---

20) Donald Shively, "Popular Culture," John Whitney Hall, ed., *The Cambridge history of Japan*, v.4(Cambridge: Cambridge University Press, 1990), p.716.

이 지날수록 출판문화 전반에 걸친 변화로 확산되어 갔다. 이를테면 독자층의 확대는 작가계층의 확대로 이어지고, 계몽서적을 통해 얻은 식자능력은 오락서적과 정보서적 등 실용서적을 탄생시키는 변화로 확산되어 갔다. 이로써 도쿠가와 막부시기의 사람들은 독서를 통해 얻은 지식과 즐거움으로 자신을 표현하며 일상생활에 풍요로움을 더할 수 있었다.[21]

이러한 변화 못지않게 중요한 것은 인쇄기술의 발달이었다. 이전 시기에 누적적으로 발전해 있었던 인쇄기술의 존재, 특히 16세기 말 일본의 인쇄기술이 한 단계 성장을 이룩했다는 사실은 17세기 출판문화가 발달하는 데 직접적인 계기가 되었다.

중세의 출판은 주로 사원의 출판이었고 인쇄방식은 목판인쇄가 주류를 이루었다. 당시 귀족승려들이 중국서적이나 불경(佛經)을 출판하던 경험이 교토의 사원을 중심으로 출판되었던 오산판(五山版)에 고스란히 누적되어 있었다. 오산판은 15세기까지 흥성하였는데 전국시대(戰國時代)가 시작되면서 교토의 귀족승려들이 전란을 피해 지방으로 도망가면서 지방으로 출판문화가 확대되어 갔다.

오산판이 성행할 수 있었던 요인은 중세 동아시아의 선진문물로서 중국의 서적 및 인쇄기술을 적극 수입했기 때문이다. 일찍이 일본 선종(禪宗)의 시조인 영서선사(榮西禪師)는 12세기 전반에 중국유학을 마치고 돌아오면서 상당량의 송판(宋版)을 일본으로 가져왔다. 당시 선종(禪宗)은 무사계급의 신앙으로 교토(京都)와 가마쿠라(鎌倉)에 소위 오산(五山)을 건립하여 번영을 누렸다. 오산판(五山版)이란 이러한 오산을 중심으로 하는 사원에서 출판했던 서적을 말한다. 현존하는 최고(最古)의 오산판은 1287년 가마쿠라(鎌倉) 건장사(建長寺)의 말사(末寺)인 정속암(正續庵)이 간행한 『선문보훈(禪門寶訓)』이다.

오산판 서적의 종류로는 선종(禪宗)의 경전(經典)과 어록(語錄) 외에도 한학(漢學), 시문(詩文), 사전류(辭典類)에 이르기까지 주로 한문서적이 주

---

21) 鈴木俊幸, 『江戸の讀書熱-自學する讀者と書籍流通』(東京: 平凡社, 2007), p.247.

류를 차지하고 있었다.[22] 이처럼 불경와 승려의 어록 등 불교관계 서적출
판에 주력한 것이 아니라, 중국서적을 중점적으로 출판하기 시작했다는 것
이 오산판의 적극적인 의의라고 할 수 있다.[23] 중국서적과 인쇄기술에 대
해 확대된 관심은 차세대 출판문화를 풍요롭게 만드는 밑거름이 되었다고
할 수 있다.

오산판의 특색은 송판(宋版)의 인쇄법을 사용하였다는 것인데, 실제로
원대나 명대에 중국에서 출판된 서적과 구별이 어려울 정도로 정교한 것이
많다는 평가를 받고 있다. 14세기 중후반 중국에서 원나라가 멸망하자 일
본에 망명하는 중국인이 많았는데 이 가운데에는 인쇄기술을 가지고 있었
기 때문에 사원에서 우대를 받으며 출판활동에 종사했던 사람들도 있었다.
유량보(兪良甫), 진맹영(陳孟榮), 진백수(陳伯壽), 진맹재(陳孟才)가 그들이
다.[24]

앞에서도 언급하였듯이, 오산판은 15세기 중반까지 흥성하였다가 그 후
에는 급속하게 쇠퇴하였다. 이후 1467년 오닌의 난을 피해서 공경(公卿)이
나 승려들이 지방의 호족(豪族) 등에게 의지하거나 전국을 유랑하는 사정에
처하게 되면서 출판문화는 지방에 분산되었는데, 이에 따라 사카이(堺), 야
마구치(山口), 아시카가(足利), 가나자와(金澤), 하카타(博多), 사쓰마(薩摩)
같은 도시에서 인쇄출판이 발전하게 되었다.[25]

지방으로 분산된 출판문화 가운데 주목할 만한 것은 사카이(堺) 출판의
발전이다. 자유도시 사카이는 중세의 중요한 무역항으로서 병고(兵庫)였던
고베(神戸)에 버금가는 경제번영을 누렸던 지역이다. 이곳에서 지방판인 사
카이 판(堺版)이 출판되었던 것도 17세기 출판에 중요한 영향력을 미친 사
건이었다. 사카이에서 처음 출판된 것은 『논어집해(論語集解)』였다. 이 책

---

22) 岡野他家夫, 『日本出版文化史』(東京: 原書房, 1981/1983), pp.6-7.

23) 川瀬一馬, 『日本出版文化史』(東京: 日本エディタースクール出版部, 1983), p.98.

24) 彌吉光長, 『江戸時代の出版と人』, 彌吉光長著作集 3(東京: 日外アソシエーツ, 1980), p.32.

25) 위의 책, p.34.

은 몇 차례 재판(再版)이 이루어졌는데 사카이의 부유한 유의(儒醫)였던 아사이노 소오지(阿佐井野氏宗瑞)도 복각(復刻)한 바 있다. 소오지는 1528년에 『의서대전(醫書大全)』 10권을 명판(明版) 그대로 번각(飜刻)하였는데, 이것은 일본에서 출판된 최초의 의서로 유명하다. 또 1549년에는 석부료책(石部了冊)이 『절용집(節用集)』을 간행했던 일이 유명하다.

이상 중세까지 발전했던 목판인쇄의 역사 위에 16세기 말이 되면 일본에서도 최초의 활자본이 등장한다. 선교를 위해 일본에 찾아왔던 천주교 선교사들에 의해서였다. 이것은 일본야소회판(日本耶蘇會版)이라고 부른다.

이미 16세기 중반부터 예수회 선교단에 의해서 일본에서도 천주교가 퍼져나가고 있었다. 이때 예수회 선교단의 동아시아 총책을 담당하고 있던 이탈리아의 알렉산드로 발리냐뇨(Alexandro Valignano)는 일본에서 교세를 크게 확장하며 유명 다이묘 가문의 소년사절단을 이끌고 로마교황을 알현했던 것으로도 유명하다. 2년간의 유럽방문을 마치고 1590년에 일본으로 돌아온 발리냐뇨는 구텐베르크 인쇄기와 인쇄 기술자를 데리고 돌아와 서양활자로 성경을 출판했다. 서양활자판 서적의 간행은 일본의 인쇄역사상 새로운 시대를 열었던 사업이었지만 그리스도교 박해에 의해서 곧 끝이 나고 말았다.[26]

이상의 기반 위에서 발달하기 시작한 출판문화 유포에 획기적인 계기가 된 것은 히데요시 집권 말기부터 에도시대 초기에 존재했던 고활자판(古活字版)이었다. 주지하다시피 그것은 히데요시가 조선에 출병했다가 약탈해 온 조선활자에 의한 인쇄기술이었다.[27] 원래 조선에서는 고급서적에만 동활자를 사용하고 일반 서적에는 목활자를 사용하였는데, 일본에서는 목활

26) Peter F. Kornicki, *The book in Japan: a cultural history from the beginnings to the nineteenth century* (Leiden; Boston: Brill, 1998). 마지막으로 출판된 예수회판 서적은 1611년 나가사키에서 출판되었던 『ひですの経』이었다.

27) James McClain, John Merriman, Kaoru Ugawa, *Edo and Paris: urban life and the state in the early modern era* (Ithaca; London: Cornell University Press, 1994), p.333.

자가 전용(專用)되었다.

그러나 활자인쇄는 한문서체의 인쇄에 적합하지 않았고 무엇보다 저렴한 가격에 대량의 서적을 출판하려면 목판인쇄가 더 유리했기 때문에 고활자판은 반세기 만에 쇠락하기 시작했다. 관영연간(寬永年間, 1624~1643) 무렵부터 다시 목판인쇄가 발전하기 시작한 것이다.[28] 후술하겠지만 17세기부터 중국 상선(商船)에 실려 대량의 중국서적이 일본으로 유입되었는데 인기 있는 중국서적을 빠르게 번각(飜刻)해서 판매하는 데에도 목판인쇄가 한결 유리했다.

3. 조닌(町人)문화의 성장과 상업출판의 발달

에도시대 문화의 특징 가운데 하나로 거론되는 것은 경제번영을 기반으로 새로운 신분계층을 형성하게 된 상공업자들이 문화의 주요한 주체로 부상했다는 점이다. 이들의 활약에 힘입어 근세 문화예술은 하나의 전환기를 맞게 되었는데 시기적으로는 17세기 후반에 해당하는 원록연간(元祿年間, 1688~1703) 즈음의 일이었다. 이때부터 도시에 거주하는 상공업자인 조닌(町人)들의 문화가 성장했음은 상술한 바와 같다.

조카마치(城下町)가 발달하고 무사들이 조카마치에 집중적으로 거주하자 도시에서는 이들이 필요로 하는 물자와 서비스를 제공하는 상공업이 발달했다. 막부의 통치가 안정되어 정치사회적 질서가 잡혀가는 가운데 시작된 경제적 번영은 건축, 회화, 서예, 연극 등 문화예술에 대한 무사들의 후원으로 이어졌다. 전례 없는 관심 속에 무사계층의 후원이 이어지자 예술인들은 명인기(名人技)로 성장하였고, 역시 무사계층의 후원을 받은 예술가들의 활동에 의해서 주거공간도 화려해지고 저택과 정원 등이 발달하는 등 도시의 문화가 활발하게 발달하였다. 여기에 교통발달은 여행의 발달로 이어져

---

28) *Ibid.*, p.334.

지역 간의 문화교류, 새로운 견문과 지식의 교류가 일어났다. 이처럼 에도시대는 문화적으로 다양성을 이룩하기 시작하는 시기였는데, '원록(元祿, 1688~1703)의 번영'이라고 불릴 정도로 경제와 문화가 번영하였다.

경제력 상승은 서민들의 문화생활을 가능케 하는 기본 요소였다. 경제력을 기반으로 서민들이 지식에 대한 열망을 갖게 되었고 오락문화와 문학예술에 대한 열망도 늘어갔기 때문이다. 이전 시기까지 문화가 귀족이나 승려, 무가 등 지배계층과 그 주변 사람들에게만 제한적으로 누려졌던 것에 비하면, 문화의 대중적 확산은 근세를 특징짓는 가장 새로운 현상 가운데 하나였다고 볼 수 있다.

출판문화와 직접 관련이 있는 문학의 발전 역시 그러한 양상을 띠었다. 중세까지 지배계층이 주도했던 문화는 한문과 한학을 중심으로 하는 고급문화였다. 이러한 경향은 에도시대에도 이어지고는 있었다. 이러한 전대의 유산 위에서, 일본 고유의 시가(詩歌)인 와카(和歌), 와분(和文)·와가쿠(和學), 한문시(漢文詩) 등의 문학이 발달하였다. 여기에 17세기의 새로운 현상으로서 가부키(歌舞伎), 이야기체 음악인 죠루리(浄瑠璃)와 같은 통속예술이 발달하였고, 서민생활을 주제로 하는 연가(連歌)인 하이카이(俳諧), 통속소설인 우키요조시(浮世草子)와 요미혼(讀本) 등이 출현하였다.[29] 이처럼 통속적인 문화가 발전하고 확산하는 데 출판이 절대적인 역할을 했음은 물론이다. 여기에 앞에서도 서술하였듯이 관영연간(寬永年間, 1624~1643)부터 출판의 주요 방식이 바뀐 것도 문화확산에 큰 몫을 하였는데, 인쇄기술이 활자판(活字版)에서 정판(整版)으로 전환하여 서적의 대량 수요와 출판문화의 대량 확산에 부응하였다.

17세기 후반에 이르면 문화의 새로운 수요층이 된 조닌 계층의 적극적인 참가에 의해 문학과 예술은 비약적인 발전을 이루게 되었다. 조닌 계층만을 대상으로 한 서적도 출현하기에 이르렀는데, 1682년 이하라 사이카쿠(井原西鶴)가 오사카에서 출판한 장편소설 『호색일대남(好色一代男)』은 그

---

29) 吉田精一, 『日本文學史』, 吉田精一 著作集 19(東京: 櫻楓社, 1980).

본격적인 출발을 알리는 신호였다.

이처럼 조닌을 중심으로 서민문화가 전성기를 맞은 것은 18세기의 일이다. 예를 들어, 18세기가 되면 일상생활의 현실을 해학과 풍자로 묘사한 교카(狂歌)와 센류(川柳) 등의 유희문학이 발달하였다. 이것은 고상한 시가(詩歌)와는 달리 풍자시(諷刺詩) 혹은 해학의 단가(短歌)라고 칭할 만한 것으로 기존의 시가를 모방한 형태가 주를 이루었다. 특히 교카는 와카(和歌)의 형식을 빌려 통속화시킨 것이라고 해도 좋을 것이다. 이와 같은 통속문화는 18세기에 이르러 절정을 이루지만 그 태동은 17세기에 시작되고 있었다.

다양한 작품을 출판하여 이전시기까지 지배층에게 국한되어 있던 문화예술을 대중화하고 확산시키는 데 주요한 역할을 담당한 것은 상업출판이었다. 현재까지 밝혀진 바에 의하면 1626년 교토에 서점이 처음으로 등장하였고 17세기를 통하여 빠르게 성장하였다. 1630년대와 1660년대까지 상업출판의 중심지는 교토와 오사카였으나 18세기 중엽에 이르면 에도의 상업출판이 급속하게 성장하여 19세기가 될 때까지 에도의 상업출판은 다른 지역보다 압도적인 우위를 차지하게 되었다.30)

4. 여행의 유행과 실용서적의 발달

17세기의 출판 상황에서 꼭 언급해야 할 것은 전국적인 교통망의 정비와 그 결과 유행하게 된 여행의 발달이다. 새롭게 정비된 도로를 따라 사람들의 왕래가 잦아지자 서로 단절되어 있었던 각 지역 간의 교류가 일어났고, 자신의 거주지를 벗어나지 못했던 이전 시기와는 달리 사람들은 낯선 지역을 경험하며 새롭게 얻은 견문과 소감을 글로 표현했다. 이것은 장기적으로 전국(全國)을 단위로 하는 문화 출현의 가능성을 보여주는 것이었다.

이상의 사정은 막부의 정책과 관련이 깊다. 도쿠가와 막부는 이전 어떤

---

30) James McClain, John Merriman, Kaoru Ugawa, *ibid.*, p.334.

정권보다 적극적인 교통정책을 펼쳤고, 전국에 분산되어 있는 다이묘들의 교통체계를 에도를 중심으로 재편하고자 도로망을 확충하는 데 힘썼다.[31] 이러한 기반 위에서 17세기부터는 장거리 여행도 가능하게 되었다. 중세까지의 여행이라면 귀족들의 군사적·종교적 목적의 여행이 대부분이었고, 그 경우에도 장거리 여행은 위험한 것으로 인식되어 있었는데 도쿠가와 막부 시기에 이르러 상황이 변하게 된 것이다.

그러나 도쿠가와 막부시기에 여행이 활발해지는데 직접적인 계기가 된 것은 참근교대(參勤交代) 제도의 운영이었다. 이것은 다이묘를 감시하기 위한 인질제도였다. 모든 다이묘는 군역(軍役)의 하나로서 가족의 일부를 일정기간 에도에 보내 에도에서 생활하도록 해야 했다.[32] 참근교대는 일찍이 중세부터 존재했는데, 통일정권을 수립한 후 이에야스는 이 제도를 이용하여 막부의 통치에 위협이 될 수도 있는 지방의 다이묘들을 감시하고자 했다. 3대 쇼군 이에미쓰는 1632년『무가제법도(武家諸法度)』를 반포하면서 다이묘들의 참근(參勤) 기간을 법제화하고 번(藩)의 크기에 따라 에도에서 머무는 저택의 크기와 수행인원을 차등적으로 결정하는 등 참근교대를 제도화함으로써 다이묘 통제를 강화하였다.[33] 이로써 전국에 분산되어 있는 다이묘들은 대대적으로 수행원들을 이끌고 에도를 향해 긴 여행을 떠나게 되었다.

평화로운 시기가 계속되자 참근교대는 다이묘들을 감시하기 위한 제도라기보다는 다이묘들이 각자의 위세를 과시할 수 있는 정치적 여행처럼 변해갔다. 막부는 다이묘들의 행렬이 도중에 이용해야 하는 주요 도로, 동원할 수 있는 인원과 말의 숫자, 경비의 상한선 등 세부규정을 차등적으로 마련했다.[34] 참근교대가 평상시의 제도로 정착되자 에도로 향하는 도로망

---

31) 권숙인,「근세 일본에서 대중관광의 발달과 종교」,『지역연구』6-1(1997), pp.128-129.
32) 丸山雍成,『參勤交代』(東京: 吉川弘文館, 2007), pp.49-50.
33) 위의 책, pp.60-61.
34) 위의 책, p.117.

과 숙박시설, 역참 등이 한결 충실하게 정비되었고, 이로써 장거리 여행이 가능한 기반시설이 마련된 것이다. 참근을 위해 떠나는 다이묘들의 행렬은 1690년대에 최고의 절정에 달했는데, 당시 나가사키의 네덜란드 상관(商館)에 머물고 있던 한 유럽인이 남긴 기록은 에도를 향하는 다이묘들의 화려한 행렬이 당시 사람들에게 얼마나 인상 깊은 장면이었는지를 보여주는 증거로서 유명하다.35) 이러한 행렬을 바라보는 사람들의 마음속에는 여행에 대한 긍정적인 기대감이 생겨났을 것이다.

장거리 여행에 대한 열망과 실천을 낳은 것 이외에도, 참근교대는 각 번(藩)으로 단절되어 있던 지역 간의 교류를 촉진시키고 지방과 수도 사이의 간격을 좁히면서 궁극적으로는 일본이 하나의 통합된 사회로 변모하는 데 기여했다. 다이묘들이 에도에 거주하게 되자 자연히 에도와 각 번 사이의 인적·물적 교류가 생겨났고 이로 인해 지방과 수도의 경제와 문화는 서로 내적 연관성을 가지며 순환하게 되었다. 또 다이묘와 그의 일족이 일정기간 에도에 머물며 수도의 정취를 경험하게 되자 에도의 문화와 학문을 섭취하며 마치 수도의 귀족과 같은 모습으로 변해갔다.36)

이러한 상황에서 일반 서민들도 장거리 여행에 참여하게 되었다. 17세기 중반 무렵부터 유행하기 시작했던 이세신궁(伊勢神宮) 참배에 서민층이 주축을 이루었음은 주지의 사실이다.37) 원래 도쿠가와 막부는 농민의 자유로운 여행을 금지하였고, 제한적으로 여행을 허가하는 경우에도 주민등록제도를 통해 여행목적지와 여행 중 만나는 사람 등을 사전에 모두 보고해야만 했다. 그러나 종교순례는 예외로 하고 있었기 때문에 신궁참배를 위한 여행이 가능했던 것이며, 서민들의 장거리 여행은 종교순례를 표방하고 있었지만 시간이 지날수록 참배 자체만을 목적으로 하지는 않았고 순례지를 왕

---

35) Constantine Vaporis, "To Edo and Back: Alternate Attendance and Japanese Culture in the Early Modern Period," *Journal of Japanese Studies* 23-1(1997), p.30.

36) 丸山雍成, 앞의 책, p.191, pp.194-195.

37) Tokugawa Tsunenari, *ibid.*, p.77.

복하는 도중에 각종 명소를 둘러보는 관광여행으로 발전해 나갔다.[38]

이상의 기반 위에서 각종 여행기와 여행의 실용적인 정보를 담은 여행안내서가 출현한 것은 자연스러운 일이다. 상인구역의 위치와 대도시의 정보를 결합시킨 자세한 지도도 출현하게 되었다.[39] 나아가 지역의 경계를 넘어 경제와 문화가 교류하기 시작하자 이전 시기보다 구체적이고 실용적인 지식에 대한 수요가 늘어나게 되었고 이에 부응하는 실용적 입문서들이 등장하기에 이르렀다. 예를 들면, 상업거래에 필요한 정보와 용어를 정리한 서적이거나 농사에 필요한 지식을 제공하는 서적 등이 그것이다. 이렇듯 사회생활의 전반적 지식을 제공하는 오라이(往來)류 서적이 17세기 후반부터 급속하게 출판되었다. 또 사교술이나 사회의 여러 계층에서 필요로 하는 처세술을 담은 중보기(重寶記), 가정에서 일상에 사용되는 수많은 지식을 백과사전식으로 소개하는 절용집(節用集) 등이 출판되어 출판문화사에서 일대 획기적인 변화의 모습을 보여주고 있었다.[40]

5. 쇄국과 중국서적의 대량 수입

앞장에서도 언급하였듯이, 17세기 동아시아의 국제정세는 매우 긴박하게 진행되었다. 명·청 교체로 인한 전쟁과 사상적 혼란에 대해서는 이미 서술하였지만, 동아시아 내부의 변동뿐 아니라 외부세계와의 접촉에 의해서도 국제관계는 더욱 복잡한 양상을 더해가고 있었다. 그것은 주로 유럽인들의 도래에 의한 것이었는데 이전 시기 무역과 포교를 위해 꾸준히 찾아오던 유럽인들의 방문은 이 시기에 이르러 더욱 적극적인 진출로 확산되며

---

38) Constantine Vaporis, *Breaking Barriers: Travel and the State in Early Modern Japan* (Cambrige: Harvard University Press, 1994), p.218, p.253.

39) Mary Elizabeth Berry, *The Culture of Civil War in Kyoto* (Berkeley: University of California Press, 1994), p.210.

40) Donald Shively, *ibid.*, pp.718-720.

동아시아에 자신들의 거점을 확보하는 것으로 이어지고 있었다. 이러한 시기 통일정권의 수립에 성공한 도쿠가와 막부는 안정적인 통치를 위해서 쇄국령(鎖國令)을 내리게 되었다.

1633년에서 1639년까지 다섯 번의 쇄국령이 반포되었는데, 당시 막부가 가장 경계한 것은 유럽인들의 도래와 더불어 증가하고 있던 그리스도교의 확산이었다. 또 이전 시기부터 왜구(倭寇)로 알려진 무장해상세력에 의해 활발하게 밀무역이 진행되고 있던 가운데 일본산 은(銀)의 유출이 증가하고 있었던 사실도 쇄국령을 내리게 된 배경이 되었다. 그리스도교가 확산되어 개종한 무사계층이 늘어나는 것은 신앙에 의해서 도쿠가와 막부에 대한 충성심이 흔들릴 소지가 있는 문제였으며 또 종교와 관련된 반란을 야기할 수 있는 중대한 문제였다. 은(銀)은 17세기의 중요한 국제상품으로서 이러한 은의 유출은 막부의 재정부담을 초래하는 동시에 정치군사적 경쟁자의 실력을 키워줄 수 있는 문제였다. 따라서 도쿠가와 막부가 안정적 통치를 확보하기 위해서는 그리스도교의 확산과 은의 유출을 반드시 통제해야 했다.

단, 쇄국이라고는 하지만 대외문호를 완전히 폐쇄한 것은 아니었다. 그것은 나가사키(長崎)로 대외무역항구를 제한하여 막부의 허가를 받은 상선과 교역품목에 한해서 교류와 무역을 허용하는 방식이었다. 즉 막부가 대외무역을 장악한다는 의미에서의 쇄국이었다고 할 수 있다. 비록 쇄국령으로 인해 전면적인 외부와의 교류는 불가능했지만, 당시 일본인들은 나가사키를 통해 외국에 대해 상당한 수준의 정보를 가지고 있었다.[41]

나가사키에 가장 먼저 거점을 확보했던 나라는 포르투갈이었고 그 뒤를 이어 영국과 네덜란드가 진출했다. 이들은 17세기 초반까지 비교적 안정적으로 무역의 이득을 독점할 수 있었다. 그러나 선교사 추방령과 더불어 쇄국령이 공포되고 막부의 제한적 통상(通商)이 시작되자 영국은 일본에서 물러가기 시작했고 스페인과 포르투갈은 차례로 추방되었다. 이후 유럽국가

---

41) 야마구치 게이지/김현영 譯, 『일본근세의 쇄국과 개국』(서울: 혜안, 2001), p.46.

로서는 유일하게 네덜란드가 나가사키에서 활동하였고, 이와 더불어 중국 남
방에서 찾아오는 상선(商船)들이 활발하게 나가사키 무역에 참가하였다.[42]

이 무렵부터 일본은 전통적인 동아시아의 국제관계에서 이탈하였다고
볼 수 있다. 동아시아의 전통적인 국제관계란 중국을 중심으로 운용되는
조공책봉제도(朝貢冊封制度)였는데, 일본은 중국과의 공식 조공책봉관계를
맺지 않았고 대신 경제교역 관계만을 맺었다. 이것은 상술한 바와 같이 도
쿠가와 막부의 안정적 통치를 위한 쇄국정책의 커다란 맥락 아래에서 시행
된 것으로 볼 수 있다. 한편 중국의 입장에서도 왜구(倭寇)는 믿을 수 없는
상대라는 인식이 팽배해 있었기 때문에 수차례 막부가 요청했던 공식 대외
관계 체결에는 부정적이었다.[43] 그리하여 양국은 상업무역만을 중시한 관
계를 맺게 되었는데 양국 정부가 발급한 주인장(朱印狀)을 가진 상선(商船)
들만이 여기에 참가할 수 있었다. 그들의 교역루트는 중국 절강성(浙江省)
과 일본의 나가사키를 잇는 바닷길이었다. 나가사키 무역을 통해 막부가
중시한 것은 중국 상품을 들여오는 것이었고 이 정책은 상당히 성공했다.
결국 쇄국령은 유럽인들의 무분별한 진출을 억제하기 위해서 내려진 조치
였지만 그 결과 탄생한 일본 유일의 대외무역항이자 외부문물의 수입창구
인 나가사키에서의 무역은 사실상 대(對)중국 무역이었다.[44]

이때부터 중국서적은 상품으로 수입되었다. 17세기부터 19세기 중반까
지 이어진 양국의 무역에서 서적은 줄곧 주요상품이었고 나가사키는 한적
(漢籍) 매매의 주요 집산지가 되었다.[45] 에도시대부터 상업무역을 통해 일

---

42) Robert Leroy Innes, *The Door Ajar: Japan's Foreign Trade in the Seventeenth Century* (Ph. D. dissertation, University of Michigan, 1980, University Microfilms, 1981); 山脇悌二郎, 『長崎唐人貿易』(東京: 吉川弘文館, 1995), pp.105-110, pp.123-138.

43) 王曉秋·大庭修 主編, 『中日文化交流史大系 (1) 歷史卷』(浙江: 浙江人民出版社, 1996), pp.177-178, p.185.

44) 大庭修, 『江戸時代の日本秘話』(東京: 東方書店, 1980).

45) 나가사키의 제5대 도서검사관 向井富가 1804년에 편찬했던 『商船載來書目』은 1693
년부터 1803까지 111년간 43척의 중국 상선이 들여 온 중국서적을 기록하고 있는데

본에 전해진 중국서적의 수입상황은 헤이안(平安)시대 귀족 지식인들이나 오산(五山)시대 승려들에 의해 일본으로 전해지던 것과는 현격한 차이가 있었다. 수량이 많고 속도가 빠르고 내용이 풍부했다. 막부는 그리스도교 관련 서적을 제외하고는 수입제한을 하지 않았기 때문에 주자학 관련 서적을 비롯해서 지배층이 선호하는 서적뿐 아니라 일반 백성들의 기호에 맞는 속서(俗書), 실용서적들도 다양하게 유입되었다. 중국 상선에 실려 나가사키항에 들어온 한적(漢籍)은 겹겹의 검사를 받았으며, 나가사키에 모인 일본의 도서감정인들과 중국의 상인들은 상담(商談)을 통해 서적의 기본가격을 결정했다. 나가사키 행정장관의 허가를 받은 뒤에는 일본 상인들의 가격입찰이 행해지는데 현재 남아 있는 입찰기록을 보면 한적(漢籍)에 대한 상인들의 경쟁이 치열했음을 알 수 있다.[46]

이렇게 적극적으로 수입된 대량의 중국서적은 17세기 이후 일본의 지식체계는 물론 일상생활에도 지대한 영향을 주었다. 유학 및 한학(漢學)의 확산을 촉진했을 뿐만 아니라, 막부의 장서고(藏書庫) 홍엽산문고(紅葉山文庫) 및 유명한 학자들의 장서를 비롯하여 공·사(公私) 장서(藏書)가 발달하게 되었다. 일본인들 사이에서 나가사키는 선진문물을 가장 먼저 접할 수 있는 도시로 인식되어 모화(慕華)성향의 일본인, 새로운 지식을 습득하고자 하는 학자들이 이곳에 유학을 오기도 했다. 에도시대의 유명한 한학자(漢學者) 이토오 도가이(伊藤東涯, 1670~1736)의 『합잠록(盍簪錄)』의 기록에 의하면, 중국 명·청 각본(刻本)뿐 아니라 중국의 장서가(藏書家)들이 수장하고 있던 고본비적(古本秘籍)도 많이 수입되었다.

이러한 상황은 일본의 출판문화도 자극하여 중국서적을 모방하거나 그대로 번각(飜刻)하는 풍토로 확산되었다. 또 중국 상선에 실려 수입된 명·청시대 소설은 에도문학에 큰 영향을 주었다. 막부와 다이묘로부터 서민·백성에 이르기까지 중국소설을 애독하자, 18세기에 들어서면 오사카 서점에

총 4,781종의 중국서적이 기록되어 있다.

46) 彭斐章 主編, 『中外圖書流通史』(湖州: 湖南敎育出版社, 1998/1999), pp.174-180.

서 초보자들도 편리하게 중국소설을 읽을 수 있도록 도와주는 참고도서를 출판했다. 또『수호지(水湖志)』를 모방한 작품이 20여 종 출현하기도 했는데, 수호지는 일본 소설이 단편(短篇)에서 장편장회(長篇章回) 형식으로 넘어가는 전기가 된 작품으로 평가되고 있다.[47]

17세기 중엽 명청교체(明淸交替)의 전란을 피해 일본으로 망명한 중국인 가운데에는 주자학자나 인쇄기술자가 포함되어 있어 일본의 학문과 출판문화 발전에 직접 기여하기도 했다.[48] 이러한 망명이 가능했던 것은 이전 시기부터 중국 절강성과 일본의 나가사키를 잇는 민간교역 루트가 활발하게 운영되고 있었기 때문이었다고 할 수 있다. 사실 16세기부터 해적과 구분이 모호한 해상세력들에 의해서 동남아시아에서 중국해와 일본해를 잇는 밀무역이 활발히 전개되고 있었다. 중국 조정(朝廷)은 이들을 불법세력으로 간주했지만 일본은 주인장(朱印狀)을 발급하며 막부의 통제 안으로 끌어들였다. 따라서 양국 간 통상무역은 통제를 받기는 했어도 비교적 자유로운 민간무역의 형태로 발전하였다고 볼 수 있다.[49]

이러한 분위기 속에서 중국서적은 문화인(文化人)이라면 반드시 관심을 가져야 할 대상으로 떠올랐다. 따라서 자연히 중국서적에 대한 정보에도 관심을 기울이게 되었다. 나가사키의 수입품 가운데 서적은 반드시 검사를 거쳐야 했으므로 다른 화물과는 다른 처리가 필요했는데, 서적검사는 막부가 임명한 전문 관리가 진행했다. 처음 1630년대에는 승려 혹은 의사이면서 유학자를 겸하는 유의(儒醫) 등이 서적검사를 맡았는데 그리스도교 관련 내용을 발견한 공로를 인정받아 1685년부터 서적검사관은 임명제로 바뀌어 세습직이 되었다. 이들이 서적검사단계에서 작성한 자료『대의서(大意書)』는 서적검사의 결과를 보고하기 위한 것이었는데, 기독교·서양관계기사·일본관계기사는 반드시 보고해야 했다. 그런데 대부분의 서적은 사실

47) 陸堅·王勇主編, 『中國典籍在日本的流傳與影響』(杭州: 杭州大學出版社, 1990), p.27.
48) 岩淵令治, 앞의 책, pp.104-105.
49) 王曉秋·大庭修 主編, 앞의 책(歷史卷), pp.192-197.

상 문제가 없었으므로 실제로는 서적해제의 작용을 했다고 볼 수 있다. 『대의서(大意書)』 제출은 1693년부터 시작되었는데 서적내용 검사의 결과와 서적에 대한 해석 및 설명을 가한 것이다. 또 대부분의 서적은 막부의 관료 가운데 노중(老中)·약년기(若年寄) 등 고위직 관료들이 직권을 이용하여 먼저 구매하였는데 그들이 중국서적을 구입할 때에는 『어역인양방어조서(御役人樣方御調書)』와 같은 보고서를 작성해 두었다. 따라서 실제로 중국서적을 구입하지 못한 자라고 할지라도 이러한 자료를 통해 새로운 서적에 대한 정보를 얻을 가능성이 있었던 것이다.[50]

그 결과 에도시대 사람들은 어떤 종류의 서적을 구해서 읽고 출판하였을까? 유학경전과 주자학 텍스트, 오락서적과 정보서적에 이르기까지 에도시대 사람들의 관심이 미치지 않은 분야는 없었지만, 이 모든 분야에 대한 높은 관심이 공통적으로 반영하는 것은 새로운 지식에 대한 강렬한 열망이었다고 할 수 있다. 이러한 열망은 유서(類書)에 대한 높은 관심으로 이어졌다.

마에다 키쿠소(前田菊叢, 1673~1744)는 1699년 『이유동(二酉洞)』 2책을 편찬하였다. 이것은 가숙(家塾)의 제생(諸生)에게 수업하기 위해 만든 32종의 총서목록이었다. 중국서적의 유입량이 늘어나면서 학문과 교육에 대한 활용이 높아졌지만 적당한 텍스트를 선별해야 하는 문제가 지식인들에게 새로운 고심이 된 것이었다.

18세기에 출판된 『당본유서고(唐本類書考)』는 이러한 열망과 고심을 확대·계승한 책이다. 작자는 교토(京都)의 서점 향영당(向榮堂)의 주인이었다. 그는 『당본유서고(唐本類書考)』를 편찬한 목적에 대해 분명하게 밝혔다. 첫째는 당시 중국서적에 대해 참고할만한 대서(大書)가 없어서 가르치는 자가 제대로 가르침을 줄 수 없는 폐단을 시정하기 위해서이고, 둘째는 일부 속유(俗儒)가 한문(漢文)을 번역할 때 인명·지명·물건이름 등을 황당

50) 王曉秋·大庭修 主編, 『中日文化交流史大系 (9) 典籍卷』(浙江: 浙江人民出版社, 1996), pp.110-111.

하게 옮겨놓는 상황을 고치기 위해서였다. 이 책의 체제는 통일되어 있지 않아서 어떤 것은 편저자(編著者)의 성명과 서문(序文)의 연대만, 어떤 것은 일부의 내용만을 담고 있기도 하며, 또 심지어 어떤 것은 유서(類書)가 아닌 경우도 있다.51) 그러나 이러한 불통일성이 오히려 당시 사람들의 지식수준을 잘 반영해주는 것이며 동시에 지식을 추구하던 열망을 잘 보여주는 것이라고 할 수 있다.52) 이러한 책은 당시 학자와 문인(文人)들은 물론이고 서상(書商)들에게도 매우 유용한 서적이었을 것이다. 이처럼 각 서점의 참고서, 혹은 학자·문인들의 중요한 참고서 역할을 하는 목록이 속속 출판되었는데 이러한 목록 속에 들어 있는 서적은 17세기부터 일본에 수입되어 일본국내에서 인기리에 읽혔던 서적이었다고 볼 수 있다.

앞에서도 서술했듯이 중세까지 중국서적을 수입해 들어오던 주체는 공경(公卿)이나 귀족 승려들이었고 그 결과 한적(漢籍)과 관련된 지식은 고급문화의 하나로서 지배층에게만 향유되었다. 그러나 에도시대에 이르면 쇄국체제 아래에서 막부의 효과적인 통제를 받으면서도 다양한 종류의 중국서적이 상품으로서 대량 유입되었고 그 결과는 지배층뿐 아니라 사회 각계층이 한적(漢籍)과 관련된 지식과 문화를 수용하는 것으로 이어졌다. 중국 상업출판이 이룩했던 다양하고 풍부한 각종 서적들― 체제유지에 유리한 서적이나 지식인들에게 유용한 서적뿐만이 아니라 소설·실용서·오락서 등의 이른바 속서(俗書) 등― 이 상업교역의 방식을 통해 일본에 유입되었다. 이때 그리스도교 관련 서적을 제외하면 일본의 서점들은 막부가 금지하는 서적이 어떤 것인지 정확히 알지 못했고 막부도 분명한 기준을 내세우지 않았다.53) 이처럼 막부의 승인아래 비교적 자유롭게 유입된 대량의 중국서적은 17세기 이후 일본 출판문화의 특징을 결정짓는데 가장 중요한 요인이 되었다.

---

51) 王曉秋·大庭修 主編, 앞의 책(典籍卷), pp.114-115.
52) 위의 책, p.116.
53) 大庭修, 『江戸時代における中國文化受容の研究』(京都: 同朋舍, 1984).

제3절 출판물의 종류와 특징

17세기는 일본 출판문화의 역사에서 하나의 획기(劃期)였다. 지금까지 살펴본 것처럼, 도쿠가와 막부의 통일정권 아래에서 무사뿐 아니라 서민을 상대로 하는 문교정책이 장려되었고 이에 따라 독서인구가 증가하는 상황은 출판이 흥기할 수 있는 최적의 조건이 되었다. 여기에 출판사업을 지원할 수 있는 경제번영과 인구의 성장, 문화예술의 대중화로 지식과 문화에 대한 서민들의 의식이 높아진 상황은 출판문화 발전에 더욱 박차를 가하게 만들었다. 본 절에서는 이러한 배경에서 탄생되었던 17세기 출판물의 특징에 대해 고찰하고자 한다.

1. 정부 출판물

제2절에서 살펴보았던 여러 가지 요인들이 장기적으로 일본의 출판문화가 성장할 수 있는 바탕이 된 것이라면, 그보다 더 직접적으로 출판문화의 발달을 가속시킬 계기가 16세기 말에 주어졌다. 바로 임진왜란(壬辰倭亂) 이후 유입된 조선활자판(朝鮮活字版)의 존재였다. 조선에서 들어온 활자로 기존의 목판인쇄보다 선명한 인쇄가 가능했고 여기에 화려한 장정(裝幀)을 더하여 고급스러운 서적의 출판이 가능해진 것이다.

일반적으로 에도시대의 인쇄출판을 지칭할 때에는 조선활자판의 유입으로 시작된 고활자판(古活字版) 인쇄는 포함시키지 않는다. 고활자판이 인쇄에 주도적으로 사용된 시기는 16세기 말에서 17세기 초반에 이르는, 즉 경장(慶長)에서 관영(寬永) 무렵에 이르는 약 50년간에 불과했는데, 이 기간동안 한문(漢文) 서적 약 200부, 일문(日文) 서적 약 100부 등이 고활자판으로 인쇄되었다.[54] 그러나 앞에서도 지적하였듯이, 일본문자의 서체를 표현

---

54) 彌吉光長, 앞의 책, p.38.

하기에도 목판보다 어려웠고 활자의 식판(植版)과정에서 반드시 교정이 필요하다는 점 등, 활자는 여러 가지 이유로 17세기 출판사정에는 맞지 않았다. 특히 대량으로 늘어가는 시장의 요구에 빠르게 대처하기에 불리했다. 이러한 이유로 고활자판은 관영말기(寬永末期 1643년경)가 되면 급격히 감소하고 대신 목판인쇄가 출판의 우세를 점하기 시작했다. 출판의 주요한 방식이 활자에서 정판(整版)으로 이동했던 관영(寬永, 1624~1644년)연간부터를 에도시대의 출판이라고 인식하는 것이 일반적이다. 그러나 에도시대 출판은 분명 고활자판(古活字版)의 기반 위에서 발달하기 시작했다. 고활자판 인쇄의 생명력이 짧았다고 해도 그것은 17세기 출판 붐의 서막을 열었다는 점에서 의의가 깊다. 또 정부의 인쇄출판을 다룰 때에는 반드시 언급해야 할 문제이기도 하다.

1) 칙판(勅版)과 막부의 출판

(1) 유교경전과 유가적 교양서적, 행정용 서적의 출판

상술했듯이 일본에서 처음 시행되었던 서양활자본은 천주교 박해로 곧 사라져 버렸기 때문에 향후 출판문화의 역사에 별다른 영향력을 발휘하지 못했다. 그러나 임진왜란 당시에 약탈해 온 조선의 동활자본(銅活字本)은 일본의 지배계층 사이에서 유행하여 문화사상 커다란 영향력을 발휘하였다.[55]

히데요시는 임란 직후부터 조선활자를 모방한 대형의 목활자(木活字)를 제작하여 유교 경전 및 유가적 수양에 도움이 되는 교양서적, 역사서적, 일본학자들의 한문저술 등을 출판하였다. 즉 1597년에는 『금수단(錦繡段)』과 『권학문(勸學文)』 등이 출판되었고, 1599년에는 『논어(論語)』, 『맹자(孟子)』, 『대학(大學)』, 『중용(中庸)』, 『고문효경(古文孝経)』 등의 유교경전과 『일본서기·신대권(日本書紀·神代卷)』, 『직원초(職原抄)』 등의 한문서적이 출판되었다. 1603년에는 『백씨오비곡(白氏五妃曲)』, 『장한가(長恨歌)』, 『비

---

55) 川瀬一馬 編, 『古活字版之研究』(東京: 安田文庫, 1937).

〈그림 4-1〉 경장칙판 고활자판 『일본서기(日本書記)』

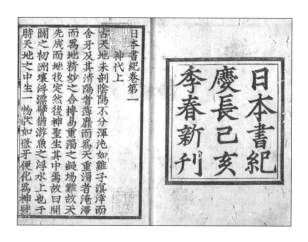

파행(琵琶行)』 등과 같은 당시(唐詩)가 출판되었다. 이상 16세기 말~17세기 초반에 걸친 경장연간(慶長年間)에 궁정(宮廷)에서 출판된 서적들은 고요제이 천황(後陽成天皇)의 칙명을 받아 인쇄된 것이므로 경장칙판(慶長勅版)이라고 부른다.

이에야스 역시 조선활자계 목활자 출판을 시행하였다. 세키가하라 전투가 일어나기 전이었던 1599년에 이에야스는 고활자판(古活字版) 유교경전의 출판을 지원했다. 즉, 1599년과 다음 해에 걸쳐 교토 부근 후시미(伏見)의 사찰에서 이에야스의 지원을 받은 산요 겐기쯔(三要元佶, 1548~1612) 등의 승려들이 10부 28책의 서적을 출판했다. 그 내용은 『주역(周易)』, 『공자가어(孔子家語)』, 『삼략(三略)』, 『육도(六韜)』, 『정관정요(貞観政要)』 등 주요 경서(經書)와 정서(政書)들이었다. 이것을 요법사판(要法寺版) 혹은 후시미판(伏見版)이라고 부른다.56)

이에야스는 동활자(銅活字) 출판도 시작하였다. 동활자는 목활자와는 달리 대사업이었기 때문에 대단위의 제작비용 및 제작기간을 필요로 하는 것

---

56) Tokugawa Tsunenari, *ibid.*, p.55

이었다. 1605년에 이에야스는 9만여 개의 동활자와 인쇄용구를 고요제이 천황(後陽成天皇)에게 헌상한 바 있었는데, 그것이 실제 인쇄에 사용되어 출판물로 나온 것은 고미즈노오 천황(後水尾天皇)의 명령에 의해서 1621년에 출판된『황조류원(皇朝類苑)』15책이었다고 한다.[57] 이때 헌상된 동활자는 히데요시가 조선에서 약탈해 온 조선동활자였을 것이다. 1607년부터 슨푸(駿府)에 은거하고 있던 이에야스는 이신 스덴(崇傳)과 하야시 라잔(林羅山)에게 명하여 동활자 제작을 시작하였다. 조선동활자의 기반 위에서 1606년부터 1616년까지 세 차례 동활자가 주조되었고 이것은 일본 최초의 동활자였다.[58] 그 결과 출판된 대표적 동활자판으로는 1615년부터 2년에 걸쳐 생산된『대장일람(大藏一覽)』과『군서치요(群書治要)』등을 들 수 있다. 이에야스가 제작한 동활자판 서적을 스루가판(駿河版)이라고도 부르는데, 이로써 조선동활자는 도쿠가와 시기 학문정착과 확산에 결정적인 기여를 했음을 알 수 있다.

〈그림 4-2〉일본 최초의 동활자, 스루가판 고활자

동활자 대자(大字) 866개, 소자(小字) 3,103개, 일본 중요문화재. 히데요시가 약탈했던 조선동활자는 약 9만여 개였다고 추정되는데, 이에야스는 이러한 조선동활자를 기반으로 일본 최초의 동활자인 스루가판 고활자 11만여 개를 제작하였다.
凸版印刷株式會社 印刷博物館 소장

_출처:『江戶の出版事情』

---

57) 彌吉光長, 앞의 책, pp.35-36.
58) 內田啓一, 『江戶の出版事情』(東京: 靑幻舍, 2007), p.10.

이에야스 이후에 막부의 출판은 뚜렷한 성과를 보이지 않았다. 5대 쇼군 쓰나요시가 1688년에 『사서직해(四書直解)』 20책을, 1693년부터 1724년까지 『오경집주(五經集註)』 58책을 출판하도록 명령한 사례 정도가 있다.

이상 조정과 막부에 의해서 진행된 출판은 유교경전과 유가적 교양서적에 집중되어 있었음을 알 수 있다. 그것은 막부 초기의 지배체제를 안정시키고 무사계층에게 중국 사대부와 같은 교양을 익히도록 하는 데 출판의 힘을 이용하였음을 보여주는 것이다.

이러한 목적을 가진 관판(官版)이 전성기를 맞게 되는 것은 18세기부터의 일이었다. 8대 쇼군 요시무네(吉宗)가 18세기의 정치개혁과 문예부흥을 주도했음은 주지의 사실이거니와 그의 치세 동안 막부의 주도로 경서 및 교육용 서적이 적극 출판되었음도 유명한 사실이다. 또 관정(寬政)의 개혁이 시작된 1787년 이후에는 5대 쇼군 쓰나요시가 확대·개편시켜 놓았던 탕도성당이 창평판학문소(昌平坂學問所)로 개편되면서 막부 직할의 고등교육기관으로 변모하자, 이곳을 중심으로 학문연구와 중국서적의 출판이 활기를 띠게 되었다.

이처럼 막부의 출판은 통치력과 밀접한 관련을 맺으며 각 시기 개혁 때마다 중요한 역할을 수행했다. 비록 막부의 출판이 절정에 달하는 것은 18세기의 일이었지만, 17세기에 조선활자의 기반 위에서 문교정책의 기틀을 닦아놓은 것은 정부출판의 역사에 중대한 획기가 되었다.

(2) 정치적 통일을 상징하는 무사계보의 출판

『에도막부일기(江戶幕府日記)』의 기록에 따르면 3대 쇼군 이에미쓰는 1641년에 여러 다이묘들의 계보를 조사하여 편찬할 것을 명령했다. 이때 조사의 대상이 되었던 것은 다이묘들뿐만이 아니라 기본(旗本)·어가인(御家人)·의사(醫師)·대공두(大工頭) 등에 이르기까지 수천 명에 달하는 다이묘 휘하의 관료들이었다. 하야시 라잔은 다이묘들이 제출한 보고를 토대로 진위여부를 가려서 수 명의 유학자들과 함께 1648년에 『관영제가계도전(寬永諸家系圖傳)』 진명본(眞名本) 186책, 가명본(仮名本) 186책을 완성하였고 이에미쓰에게 헌상하였다.

이것은 도쿠가와 막부에게 직접 신종(臣從)하는 무사 영주들을 총망라한 계보로서, 그 서문에서 스스로 밝히고 있는 것처럼 치안(治安)과 정사(政事)가 안정되었음을 보여주는 상징과도 같은 것이었다. 동시에 막부와 각 계층의 무사와의 관계를 상정함으로써 도쿠가와 가(家)를 핵심으로 하는 정치질서를 고정화하려는 의도를 반영하는 것이기도 했다.59) 전술한 바와 같이 이에미쓰는 막부의 지배체제를 확립시킨 쇼군으로서 정치질서를 안정시키는 법적 근거를 정비했던 인물이다. 이에미쓰가 정권을 안정화시키는데 출판은 유용한 수단으로 활용되었던 것이다.

2) 번판(藩版)

(1) 번교(藩校)의 교과서, 경서(經書)

에도시대의 유학은 주자학이 절대적 세력을 가지고 있었기는 했지만 그 것은 에도시대 중기 이후 막부의 집권화 정책이 어느 정도 효과를 발휘하기 시작했던 때부터의 일이었다. 17세기에 주자학은 관학의 위치를 차지하기 위해 노력하는 단계에 있었다고 볼 수 있는데, 막부가 주자학을 수용하자 각 번(藩)의 다이묘들도 유학을 지원하고 주자학의 기본 경서들을 출판하기 시작했다. 다만 번판(藩版)의 경우 완전히 다이묘의 후원에 의해서 이루어진 것도 있지만 개명한 무사나 번의 유신(儒臣)이 자발적으로 출판한 경우도 있어서 관판(官版)인지, 개인의 출판인지 구분하기 어려운 것도 많다.

번판으로 가장 먼저 언급해야 할 것은 역시 『사서오경(四書五經)』을 중심으로 하는 주자학의 경서(經書)이다. 무사계층의 교육이 중시되면서 번교(藩校)에서 사용될 텍스트의 출판이 가장 시급했기 때문이다.

앞 절에서 중세에는 승려가 주자학을 수용했고, 선(禪)의 입문(入門)으로서 주자학을 가르쳤다고 소개한 바 있다. 주자학 자체를 학문의 대상으로

---

59) 藤井讓治, 『德川家光』(東京: 吉川弘文館, 1997), p.144, p.146, p.150.

인식하며 주자의 신주(新注)를 기본으로 경전을 이해하려는 움직임이 일어
난 것은 주자학 서적이 일본에 전래된 지 200여 년의 시간이 흐른 15세기
중후반의 일이었다. 당시 다이묘의 후원을 받으며 주자학을 강연했던 케이
안 겐쥬(桂庵玄樹, 1427~1508)는 향후 일본의 주자학 수용에 중요한 전망
을 제공한 인물이었다. 명나라에 건너가서 7년간 정주학(程朱學)을 배우고
귀국한 그는 특히 훈점(訓点)을 통하여 화문(和文)으로 경서를 읽는 방법을
고안한 것으로 유명하다. 그가 훈점을 가한 『대학장구(大學章句)』는 사쓰
마(薩摩) 번의 시마즈씨(島津氏)의 후원을 받아 출판되었다. 케이안 겐쥬의
훈점 법칙은 근세 사서독해(四書讀解)의 주류였다고 평가받고 있는 분시 겐
쇼오(文之玄昌)를 거쳐 하야시 라잔(林羅山)에게로 계승되었다.[60] 하야시
라잔의 훈점은 도춘점(道春点)이라고도 부르는데, 현재 일본 문장의 기본이
라고도 말할 수 있다.[61]

에도시대 각 번과 사숙에서 『사서오경(四書五經)』은 가장 기본적인 텍스

〈그림 4-3〉 하야시 라잔이 훈점한 명판(明版) 『오경대전(五經大全)』

라잔의 훈점은 도춘점이
라고도 부르는데, 현재 일
본 문장의 기본이라 하며,
『사서오경』은 가장 기본
적인 텍스트였다.

_출처: 『江戸珍貴本の世界』

---

60) 彌吉光長, 앞의 책, pp.197-198.
61) 위의 책, p.199.

트였기 때문에 각 번마다 다른 각본이 존재하였고 서적상인들도 다양한 판본을 생산해냈다. 이렇게 다양한 판본이 있었음에도 불구하고 17세기를 통하여 주자학 경서가 일관된 방향으로 해석되고 재생산된 것은 주자학 자체를 학문의 대상으로 삼아 연구하고 일본의 현실에 맞게 수용하고자 했던 유학자들의 노력이 있었기 때문이다. 동시에 이들을 후원했던 다이묘들의 문교정책과 출판사업에 의해서 주자학 연구의 일관성이 유지되었음도 지적해야 할 것이다.

아울러 교통의 발달과 여행의 유행으로 각기 단절되어 있던 지역 간의 교류가 활성화되었던 사정도 주자학이 관학으로서 일관된 모습으로 수용되는 데 일조하였다. 수도와 지방 사이의 교류는 막부의 유관이었던 라잔의 훈점본이 각 번에서도 수용되도록 만들었고, 각 번 사이의 교류는 야마자키 안사이와 가이바라 엣켄 등의 『사서오경점본(四書五經点本)』을 너른 지역

〈그림 4-4〉 이토 진사이 『어맹자의(語孟字義)』 목판본

야마자키 안사이가 정통 주자학적 해석을 정립하고 있을 때 이토 진사이는 주자학을 비판하고 옛 공맹의 고의(古義)를 펼치고 있었다. 이토 진사이(伊藤仁齋, 1627~1705)는 오규 소라이(荻生徂徠, 1666~1728)와 함께 고학(古學)운동의 가장 중요한 사상가로 꼽힌다. 이들의 사상은 일본 유학의 다양성과 독자성을 보여주는 존재이다.

_출처:『문화와 나』85, 2007년 겨울호

에서 채택하도록 만들었다. 특히 엣켄은 후쿠오카 번(福岡藩)의 유신(儒臣)이었기 때문에 그의 훈점본 경서들은 교과서로 수많은 번에서 활용되었다.

번판은 번교의 설립이 활성화되는 18세기부터 활발하게 인쇄되었고, 사숙에서 교과서로 채택되는 경서의 훈점본도 18세기에 이르면 더욱 통합되어 나간다. 출판은 각 지역 간의 문화교류와 학문의 일관성을 확대시켰고, 나아가 주자학을 관학의 위치로 올려놓는데 역할을 다하게 된 것이다.

(2) 사서(史書)와 정서(政書)의 편찬

다이묘의 후원으로 탄생한 역사서 가운데 진판(珍版)으로 평가받는 것은 야마가 소코오(山鹿素行, 1622~1685)의 『중조사실(中朝事實)』로서, 1681년에 쓰가루 번(津輕藩)에서 출판하였다.

미토 번(水戶藩)에서는 대대적인 기획 아래 『일본사(日本史)』의 출판을 시작했다. 우선 1657년에 대일본사편집소(大日本史編輯所=彰考館)를 미토 번저(藩邸)에 설치하기 시작하여 1720년에 완성하였다. 『일본사』는 원래 편집기획에 의하면 본기 73권, 열전 170권, 서례서목 등 7권, 합계 250권에 달하는 거질의 서적이었다. 이 가운데 본기와 열전이 완성된 것은 1849년의 일이었다.

이상 다이묘들의 역사서 출판은 조정과 막부에 대한 충성심을 증명하고, 고전과 학문에 대한 자신의 수준을 나타내는 방편으로 유용하였다.

이외 다이묘들의 후원을 받은 학자들은 족보와 법전, 행정사례 편찬사업에도 주력했다.[62] 이로써 번의 교육과 행정은 출판사업과 상호 보완하며 발전할 수 있었다.

번에서 역사서 및 문학서적이 본격적으로 출판되는 것은 18세기 말~19세기의 일이었다. 1842년에 막부가 문예부흥을 위해서 십만 석(十萬石) 이상의 대번(大藩)들에게 『21사(史)』등 대부(大部)의 서적을 간행하라고 권

---

62) David S. Nivison and Arthur F. Wright, *Confucianism in Action* (Stanford: Stanford University Press, 1959).

장하였기 때문이다. 이 명령에 의해서 각 번은 할당된 서적의 우수한 원본
을 구하여 역사서를 간행하였다. 출판사업은 대부분 에도에서 이루어졌다.
이처럼 번의 출판사업은 18세기에 만개되었지만 이미 17세기부터 일관되
게 추진되고 있었다.

2. 민간 출판물

18세기가 되면 관판(官版)도 비약적으로 발전하는 것이 사실이지만, 에
도시대의 출판은 기본적으로 개인의 사업이었다고 불러야 할 만큼 민간출
판의 성장이 두드러졌다. 특히 17세기에 등장한 상업출판은 에도시대의 모
든 문화발전의 원동력이 되었다고 해도 좋을 만큼 눈부시게 발전했다.

앞 절에서 이미 서술한 바와 같이, 전통적인 출판 중심지는 교토였다.
중세의 불교관련 서적들이 교토를 중심으로 출판되었고 히데요시와 이에야
스가 조선활자계 고활자판의 인쇄를 진행한 것도 교토와 그 주변이었다.
최초의 서점이 생긴 곳도 교토였는데, 1626년 교토에 서점이 등장한 이래
17세기 중후반을 거치며 서점은 오사카와 에도 등으로 확대되어 갔다. 상
업출판이 발달하고 대량 출판의 수요가 생기자 시장의 수요에 빠르게 대처
하기 위해 목판인쇄가 다시 우위를 차지했음은 이미 서술한 대로이다.

그렇다면 이렇게 빠른 성장세를 보이던 출판업이 인쇄한 서적은 얼마나
될까? 17세기 말의 서적상인이 남긴 목록을 보면 당시 약 7,200여 종의
서적이 출판되었다는 것을 알 수 있다. 에도시대 중기와 후기가 되면 출판
수량은 6배로 증가한다.63) 출판중심지 교토에는 17세기 말에 이르러 약
70~80여 개의 출판서점이 있었고 연평균 약 170여 종의 신간서적을 간행
했는데, 이것을 17세기 초반의 상황에 비교하면 약 50여 년 만에 60%에
가까운 성장을 보인 것이다.

---

63) James McClain, John Merriman, Kaoru Ugawa, *ibid.*, pp.334-335.

발행부수는 어느 정도나 되었을까? 발행량이 미미한 서적의 경우 초판의 경우에는 200~300부 정도가 출판되었으며, 베스트셀러가 되면 수천 부, 혹은 만 부 가까이 증쇄되었다. 증쇄라는 개념도 17세기에 들어와 처음 나타난 현상이었다.[64]

그렇다면 이러한 민간출판은 어떤 서적들을 출판하였을까? 우선 번교 및 사숙에서 사용되는 주자학적 교과서를 취급하였다. 17세기 말 교토의 정경을 그린 그림 속에는 서점 위 2층 작은 공간에 서민교육기관인 데라코야가 있는 모습을 묘사한 그림이 있다.[65] 애초에 교육은 무사계급이 대상이었고 서민교육은 사찰을 통해 이루어지는 게 보통이었다. 번듯한 공간이 마련되고 데라코야가 서민교육의 장으로 활성화되는 것은 18세기에 이르러서야 가능했다. 그러나 17세기 데라코야가 본격적인 궤도에 올라서지는 못해서 일부에서는 서점의 2층에 존재할만큼 공간이 없었다 할지라도 비슷한 교과서를 사용하였기 때문에 일정한 교육 수준을 유지할 수 있었다.

이처럼 민간출판 분야에서도 교육적 텍스트의 출판은 중요한 부분을 담당하고 있었지만 에도시대 민간출판의 획기적인 발달은 문예 분야에서 두드러졌다. 이하에서는 문예물을 중심으로 17세기 민간출판의 특징을 고찰해 보고자 한다.

1) 초기의 목활자본 사가판(嵯峨版)

17세기 초반, 목판인쇄가 출판의 주류를 점하기 직전에 민간출판에서도 목활자를 이용한 서적이 출판되었다. 교토의 부유한 상인이자 유명한 서예가·화가·다도(茶道)전문가였던 혼아미 고에쯔(本阿彌光悅)의 사가판이 그것이다. 그가 지었던 예술촌의 이름이 사가(嵯峨)였기 때문에 붙여진 이름이다. 고에쯔와 함께 사가판의 출판을 담당했던 스미노쿠라 소안(角倉素庵)은 사가에 대별장을 소유하고 있었던 대상인이었다. 소안의 부친은 나가사

64) 梅棹忠夫 編/이원희 譯, 앞의 책, pp.122-124.
65) 위의 책, p.126.

키의 주인선 무역을 담당하며 고뢰천의 운하개착도 맡았던 거상(巨商) 스미노쿠라 료이(角倉了以)였다.

사가판은 한 글자 한 글자를 활자로 만들어 조합하는 방식이 아니라, 고에쯔가 판하(版下)에 흘려 쓴 2~3개의 글씨를 묶어 하나의 활자로 만드는 방식이었다. 또 운모접(雲母摺)[66] 방식으로 바탕그림이 들어간 종이 위에 고에쯔의 아름다운 글씨를 인쇄했고, 정장 역시 화려했기 때문에 예술적으로도 높은 평가를 받는 출판물이다. 특히 『백기(柏崎)』, 『앵무소정(鸚鵡小町)』, 『송풍(松風)』 등의 요본(謠本)은 헤이안시대의 당지(唐紙)위에 운모접(雲母摺) 방식의 복고적이고 아름다운 바탕그림을 사용한 것으로 유명하다.

그 외 『이세물어(伊勢物語)』, 『도연초(徒然草)』『방장기(方丈記)』 등의 고전문학 작품이 출판되었다. 사가판이 주목받는 또 다른 이유는 가나문자(仮名文字)를 주로 사용했기 때문이다.[67]

17세기 초에 이처럼 화려하고 높은 예술적 가치를 가지면서도 동시에 대중성을 가진 서적이 출판되었다는 사실은 출판의 주체가 변화하고 있음

〈그림 4-5〉 사가판 요본(謠本)들 -『송풍(松風)』

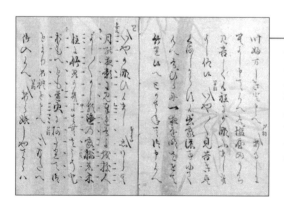

꽃과 풀, 대나무와 학, 혹은 기하학적 문양이 운모접 방식으로 표현되었고 그 위에 목활자로 인쇄한 아름다운 사가판 요본들. 헤이안(平安) 시대의 우아한 세계를 의식하면서도 모모야마(桃山)시대의 새로운 조형감각도 표현하고 있다.
町田市立國際版畵美術館 소장

_출처: 『江戸の出版事情』

66) 운모(雲母) 가루를 사용하여 인쇄용지 위에 그림이 배경으로 들어가도록 만드는 기술.
67) 內田啓一, 앞의 책, p.8.

을 보여주는 것이다. 이전 시기까지 귀족과 승려들이 사찰을 중심으로 출판문화를 발전시켜 왔다면 17세기부터는 경제력을 가진 도시의 거주민들이 출판문화에 적극 가담하게 된 것이다. 조닌문화가 성장하고 목판인쇄가 활발하게 이루어지는 17세기 중후반이 되면 그러한 변화는 더욱 가속되기에 이른다.

2) 통속소설과 판화, 그리고 전업작가

(1) 적나라한 현실묘사: 가나조시(仮名草子)

가나조시는 가나로 읽기 쉽게 쓴 통속적인 소설류의 총칭이다. 관영(寬永, 1624~44년) 무렵부터 유행하였으며 무로마치 시대 이래의 모노가타리 이후로 료라이시(如儡子),[68] 아사이 료이(淺井了意) 등의 작가들이 가나조시라고 불렀다고 한다. 그 내용은 도시 거주민들과 상인들의 생활상, 시정과 유곽의 풍속 등 당시 세상을 사실적으로 묘사한 것이 주류를 이루며 강

〈그림 4-6〉 『호색일대남(好色一代男)』 오사카판, 일본영대장(日本永代藏)

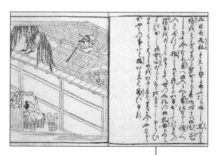

이하라 사이카쿠의 이름을 유명하게 만든 대표적 작품
◀ 『호색일대남(好色一代男)』 ▲ 『일본영대장(日本永代藏)』
_출처: 『江戸の出版事情』

---

68) 가나조시의 작가(1603~1673).

〈그림 4-7〉『호색일대남』, 에도판

오사카판과 달리 인기
화가 히시가와 모로노
부의 삽화를 넣어 출
판했다.
_출처:『江戸時代のすべ
てがわかる本』

한 현실감을 바탕으로 비현실적인 유교적 세계관을 비판하는 자세를 보이
고 있다. 그래서 부세초자(浮世草子), 혹은 당세본(當世本)이라고도 부른다.
대부분 대형본으로 관영(寬永)의 아름다운 형태를 계승하여 표지, 제본까지
훌륭하게 마무리했다.[69]

　부세초자(浮世草子)는 이하라 사이카쿠(井原西鶴, 1642~93)에 의해서 개
척된 장르라고 보는 데에는 이견이 없다. 사이카쿠는 지야옥(池野屋) 서점
으로부터『호색부세약(好色浮世躍)』6책을 의뢰받으면서 은(銀) 3백 돈(匁)
을 받았다고 하는데, 이로써 그는 일본 최초의 전업작가라는 평가를 받기도
한다.[70]

　사이카쿠를 일대 유명작가로 만들어 준 『호색일대남(好色一代男)』은
1682년 오사카에서 출판되었는데, 초판이 1천 권 이상이 팔려나갈 정도로
폭발적인 인기를 누렸다. 호색한, 탕자, 배우, 기녀, 평범한 조닌 등을 주인
공으로 삼아 도시의 생활상을 적나라하게 보여준 이 소설은 이후 많은 작가

---

69) 內田啓一, 앞의 책, pp.12-13.
70) Donald Shively, *ibid.*, p.728.

들에게 영향을 주었다.71) 오사카에서의 성공에 힘입어 1년 뒤에는 에도에
서도 『호색일대남(好色一代男)』이 출판되었다. 오사카판은 삽화 아래에 사
이카쿠 자신이 묘사한 것이라는 설명이 들어 있었던 것에 비해, 에도판에는
곧 후술하게 될 우키요에의 인기화가 히시가와 모로노부(菱川師宣)의 삽화
가 포함되었다.72) 이처럼 서적의 내용과 구성면에서 새로운 유행에 대해
민감하게 반응하는 서민들의 정서를 반영함으로써 『호색일대남(好色一代
男)』은 서민들을 대상으로 하는 최초의 베스트셀러가 되었다.

사이카쿠의 소설의 유행은 상업과 교통의 발달로 상업활동 및 금전적 이
익추구, 나아가 도시생활에 대한 관념이 변화하고 있었음을 보여주는 신호
였다. 『일본영대장(日本永代藏)』에서 사이카쿠는 각 업종 조닌들의 흥망성
쇠를 묘사하였는데, 지혜롭고 성실한 경영, 검약한 정신과 끊임없는 노력
등을 성공의 요소로 제시하였다. 그의 경제감각과 인생관은 17세기 도시를
중심으로 성장하던 조닌과 대중문화의 새로운 측면을 대표하는 것이라고
할 수 있다.

(2) 소설과 그림의 만남: 우키요에(浮世會)

사이카쿠의 출현으로 감지되는 솔직하고 서민적인 문화의 특징은 판화
에도 반영되었다. 우키요에의 창시자였던 히시가와 모로노부(菱川師宣,
1618~1694)는 원래 미인도로 유명한 화가였다. 그는 통속소설류에 삽화를
그려넣으면서 이전과는 달리 전면 삽화를 선택하여 독자들의 흥미를 이끌
었고 부세초자(浮世草子)에서 묘사되는 적나라한 생활상을 그림으로 옮겨
통속소설의 인기를 한층 끌어올렸다.

1677년의 『에도 작(江戸雀)』은 에도에 대한 가이드 북으로서 서적의 양
면에 걸친 전면 삽화를 택하여 에도의 모습을 생생하게 보여주었다. 『요시

---

71) Howard Hibbett, *The floating world in Japanese fiction* (Rutland, Vt.: C. E.
 Tuttle Co., 1980/1959), p.63.
72) 大石學 編著, 『江戸時代のすべてがわかる本』(東京: サシメ出版社, 2009), p.104.

와라 유곽 안내(吉原戀の道引)』(1678)는 에도의 유명한 유곽지역인 요시와
라(吉原)73)에 대한 안내서로서, 역시 그림의 비중을 늘렸으며 인물 묘사도
매우 정교했다. 우키요에(浮世會)는 목판화였기 때문에 서적과 똑같은 생산
방식과 판매경로를 통해 생산·유포되었는데, 모로노부의 그림은 매우 인기

〈그림 4-8〉 모로노부의 우키요에

▲ 17세기 에도의 정
경을 생생하게 보
여주는 가이드북
▶ 에도시대 유일하게
공인받은 요시와라
유곽

_출처: 『江戶の出版
事情』

---

73) 막부가 공인했던 에도의 유일한 유곽.

가 높아서 사이카쿠의 소설과 함께 널리 유통되었다.[74] 우키요에는 한번에 100장 정도를 인쇄하는데 모로노부의 그림은 한 번에 200장 정도를 인쇄했다고 한다. 또 모로노부의 그림은 우키요에뿐 아니라 인기소설의 삽화로도 인기가 있었는데, 위에서 언급한『호색일대남(好色一代男)』뿐 아니라 사이카쿠의 저술이라고 알려져 있는『색리삼소세대(色里三所世帶)』에 모로노부의 그림이 포함되어 있다. 특히 후자의 삽화는 여성의 정교한 표현력이 극찬을 받고 있는 작품이기도 하다.

(3) 컬러인쇄: 단록본(丹綠本)

우키요에도 18세기에 이르면 흑색으로만 표현되었던 단조로움에서 벗어나 차음 붉은 색과 녹색을 가미한 다색판화로 유행하였다. 그런데 색판(色版)을 제작해서 삽화의 일부에 여러 가지 색을 입히는 작업은 17세기에도 유행하였다.

대략 관영연간 초기에 채색삽화가 들어간 책자들이 등장하였는데, 가나조시와 죠루리본 등이 그러했다. 그림에 사용된 색은 적·청·록(赤·靑·綠) 색이었고 때때로 자색(紫色)을 바른 특제본은 금박을 사용한 것도 있었다. 붉은 색 하나만을 첨가한 것으로는 요시다 미츠요시(吉田光由)의『녹겁기(塵劫記)』가 있었고, 정교한 채색으로 이름높은 것은『관영행행기(寬永行幸記)』, 1635년에 출판된『의경기(義經記)』의 표지 안에 그려진 기원제(祈園際)의 제례그림 등이 언급된다.[75]

3) 여행기와 정보서적의 발달

17세기에 교통이 발달하고 장거리 여행이 유행하자 자연히 다양한 여행기가 출현하였는데, 특히 에도와 교토·오사카 등 대도시를 방문하고 남긴 여행기가 다수 출현하였다. 단절되어 있던 지역경제를 넘어서 다른 지역과

---

74) 內田啓一, 앞의 책, pp.16-17.
75) 川瀨一馬, 앞의 책, pp.206-207.

내적 연관성을 맺으며 상업이 성장하자 대도시의 상인거주지역과 구체적인 지역정보를 알려주는 지도와 그림도 출판되었다.

예를 들면, 1602년에 에도를 묘사한 최초의 그림 『경장강호도(慶長江戶圖)』와, 1608년경에 에도 성곽 안을 묘사한 『경장강호회도(慶長江戶繪圖)』가 출현하였고, 1632년에는 현존하는 최고(最古)의 간본(刊本)인 에도 그림 『무주풍도군강호장도(武州豊島郡江戶庄圖)』가 출판되었다. 에도의 모습을 묘사한 것 가운데 가장 유명한 것은 1620년대 에도의 풍경을 그린 『강호도병풍(江戶圖屛風)』이다. 여기에는 도쿠가와 막부시기 에도 번영의 상징이라고 할 수 있는 니혼바시(日本橋)를 비롯, 번성하는 에도의 모습이 생생하게 묘사되어 있다.[76]

여행기로는 1614년 미우라 죠신(三浦淨心)의 『경장견문집(慶長見聞集)』, 1658년 야마자키 안사이(山崎闇齋)의 에도기행문 『원유기행(遠遊紀行)』이 출현하였고, 만치연간에 아사이 료이(淺井了意)의 『동해도명소기(東海道名所記)』가 출현하였는데 이 책이 인쇄된 것은 관문연간에 이르러서였다.[77]

이 외에도 수많은 견문록이 출현하였으나, 여행기와 관련해서 반드시 언급해야 할 인물은 마쓰오 바쇼(松尾芭蕉)이다. 그는 일본 전역을 여행하며 수많은 기행문을 남겼을 뿐 아니라 아름다운 하이카이(俳諧)로 풍광을 묘사하여 하이카이(俳諧)를 시(詩)의 수준으로 높이는 역할을 했다. 이때부터 하이카이는 정통 연가(連歌)로부터 분리되어 발구(發句)나 연구(連句)에서 독창성을 가지며 근세문학의 한 형식으로 발전하게 되었다.[78]

사람과 물자의 왕래가 잦아지고 생활이 다양해지자 일상생활 및 도시에 대한 정보를 제공하는 서적들도 탄생했다. 일상생활에 필요한 각 종 지식을 가르치기 위해 만들어진 '오라이물(往來物),' 연극이나 스모 등 각종 오락물의 프로그램이나 랭킹을 소개해주는 각종 리스트인 '반즈께(番付),' 기

---

76) 吉原健一郎, 大濱徹也 編, 『江戶東京年表』(東京: 小學館, 2002), pp.18-25.

77) 위의 책, p.39.

78) 大石學 編著, 앞의 책, p.106.

〈그림 4-9〉 19세기의 가와라판

이 그림은 1806년에 제작된 가와라판이다. 지난 지진 소식을 알리고 미래의 지진에 대비하기 위해 제작되었다.

_출처:『江戸のマスコミ'がわら版'』

왓장이나 나무판에 간단하게 새겨 정보를 전달하는 '가와라판(がわら版)' 등이 출현했던 것은 17세기의 생활이 그만큼 복잡하고 풍요로웠음을 보여주는 반증일 것이다.

　이 가운데 가와라판은 19세기까지 거주지역의 크고 작은 소식들을 전달하며 때로는 서민을 계몽시키고 재난에 대비하게 만들어주는 중요한 정보서 역할을 했다. 특히 에도 말기에는 지진과 화재의 재난이 속출하면서 가와라판을 데라코야에 반포하는 일이 잦아졌다.[79] 가와라판은 서민들이 읽을 수 있도록 쉬운 가나로 쓰였고 때로는 이해를 돕기 위한 삽화도 첨부되었다. 이러한 정보서적의 출현으로 지역정보가 공유됨으로써 사람들의 일상생활은 더욱 밀착되었다고 할 수 있다.

　이외, 에도에 대한 정보를 제공하는 서적으로는 명력연간의 대화재를 겪은 후『만치연간강호측량도(萬治年間江戸測量圖)』가 간행되었고, 1687년에는 등전리병위(藤田理兵衛)가 에도의 연중행사와 명물, 신사와 불각 등 각

79) 吉田豊,『江戸のマスコミ'がわら版'』(東京: 光文社, 2003), p.20, p.32.

종의 정보를 제공하는 에도의 지지(地誌) 『에도녹자(江戶鹿子)』 6권을 편찬하였다.[80]

유곽에 대한 정보를 제공하는 안내서 『요시와라 세견기(吉原細見記)』(1642), 현존하는 최고의 야랑(野郎)평판기[81] 『야랑충(野郎虫)』(1660), 유곽의 기녀들에 대한 품평서적 『요시와라 하직원(吉原下職原)』(1681), 부녀의 풍속과 의례를 묘사한 『당용여류감(當用女流鑑)』(1687) 등이 출판되었다.

4) 무사계층에 대한 정보서 무감(武鑑)의 출판

무감은 에도시대에 서점에서 출판했던 다이묘(大名) 및 막부역인(幕府役人)의 명단이다. 17세기 중반 무렵에 편찬이 시작되어 막부가 와해되었던 1868년 메이지 유신 직전까지 약 200년 이상이나 출판되었다. 무감은 단순히 무사들의 이름만을 나열한 명단이 아니고 대명가(大名家)와 기본가(旗本家)의 당주(當主) 및 그의 가족들, 가신과 막부역인(幕府役人)의 명단, 그리고 문소(紋所), 석고(石高), 봉급까지도 거의 망라한 명단이다.

보통 『대명부(大名付)』 2책, 『역인부(役人付)』 2책이 하나의 세트로 구성되는 것이 기본인데 이것을 대무감(大武鑑)이라고 한다. 대명부에는 어삼가(御三家)를 비롯해서 대명가(大名家)에 관한 정보가 집약되어 있고 역인부(役人付)에는 대로(大老) 로중(老中) 이하의 막부 역인(役人)에 관한 정보를 기록한다. 한편 『대명부(大名付)』와, 『역인부(役人付)』를 합쳐서 1책 분량의 요약본으로 만들어진 무감도 있는데 이것을 약무감(略武鑑)이라고 한다. 약무감은 보통 휴대하기 좋은 두께로 압축·출판되었다.

무감에 상세하게 기록되어 있는 정보는 대명가(大名家)에 관한 정보나 막부역인(幕府役人)의 이동 등을 전해주는 것으로서, 당시 출세를 원하는 사람들에게 원하는 정보를 제공하는 실용서였다. 예를 들어 행장(行裝)이

---

80) 위의 책, p.39, p.57.
81) 가부키의 배우나 가부키에 나오는 역할에 대한 비평을 기록한 책으로, 대부분 교토에서 출판되었고 에도에서 출판된 것은 비교적 적다.

〈그림 4-10〉 19세기 무감(武鑑)의 실례

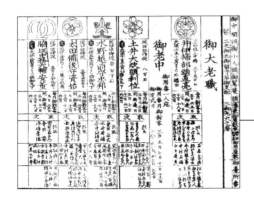

1840년에 제작된 『천보무감(天保武
鑑)』의 본문이다. 책 머리에 관직이
름에 대한 색인이 있다.

_출처: 『江戸の武家名鑑』

〈그림 4-11〉 무감을 파는 사람이 그려진 19세기의 풍속도

무감은 출세를 원하는 사람들에게
꼭 필요한 정보를 제공해 주는 처
세정보서이기도 했다. 이 그림은
19세기 말에 제작된 풍속도『대수
하마선지도(大手下馬先之圖)』로서,
오른쪽 하단 부분에 무감을 팔고
있는 상인이 그려져 있고 '무감매
(武鑑賣)'라고 쓰여 있다.

_출처: 『江戸の武家名鑑』

상세한 출운사판(出雲寺版) 무감은 사회수요에 따라 출판된 것으로 추측된다. 원래 무감이 등장한 가장 큰 이유는 다이묘들의 유동성 때문이다. 17세기 도쿠가와 막부는 통일을 이룩했지만 그리스도교의 확산은 종교반란과 같은 위기로 이어질 가능성이 있었다. 또 관영말년의 기근 등은 막부통치에 위협이 되었다. 이와 같은 상황에서 인사정보의 정확한 파악을 위해서 등장한 것이 무감이었다. 현존하는 최고의 무감은 1643년 교토의 서점 수전감좌위문(水田甚左衛門)에서 출판한 『어대명중어지행십만석흘(御大名衆御知行十萬石迄)』이다.[82]

5) 원록연간(元祿年間) 출판의 번영

지금까지 살펴 본 대로 17세기 민간출판은 질적으로나 양적으로나 급속한 발달을 이룩했다. 이러한 번영은 특히 17세기 말 원록(元祿)시대에 집중되어 있는데, 조닌문화가 본격적으로 성장한 시기로 각종 문화사에서 특별한 지위를 인정받고 있는 원록시대가 출판문화사에서도 중요한 위치를 차지하고 있는 것이다.

이것은 원록시대와 그 전후 시대의 출판량과 비교하면 분명하게 알 수 있다. 현재 확인이 가능한 서적의 판매목록 가운데 가장 오래된 것은 『화한서적목록(和漢書籍目錄)』1667년(寬文7) 혹은 1668~9년판이다. 이 무렵이 되면 이미 상당히 출판수량이 증가해 있었다.

또 1671년에 간행된 『신판증보서적목록(新版增補書籍目錄)』과 1692년의 『광익서적목록(廣益書籍目錄)』, 1729년에 간행된 『신찬서적목록(新撰書籍目錄)』에 의해서 주요 서적 종류의 출판수량을 알 수 있다. 이 세 가지 목록의 비교에 의하면 원록시대 출판의 번영을 예상할 수 있다. 그 결과는 〈표 4-1〉과 같다.[83]

---

82) 藤實久美子, 『江戶の武家名鑑 － 武鑑と出版競爭』(東京: 吉川弘文館, 2008), p.48.
83) 〈표 4-1〉은 彌吉光長, 앞의 책, p.48에서 전재함.

〈표 4-1〉 원록 전후 서적 발행종수

종류	1671(寬文11年)	1692(元祿5年)	1729(享保14年)
불교서적	1649	2813	1382
유학서 · 경서	360	353	151
의학서	247	448	190
노래 · 이야기류(歌書 · 物語)	213	558	120
연가류(俳諧書)	136	676	65
여서(女書)	20	24	61
무본(舞本) · 초지(草紙)	197	117	143
오라이(往來書) · 수본(手本)	84	179	185
합계	3874	7204	3417

제4절 소결

17세기는 일본 출판문화사에서 일대 전기였다. 이전 시기 출판이 지배계층을 대상으로 하는 지식 전수에 집중되어 있었고 서적의 종류도 한문과 한학을 중심으로 했던 것에 비해 17세기부터는 지배층은 물론이고 서민층도 향유할 수 있는 예술·문학 방면의 서적이 출현하게 되었기 때문이다. 이것은 중세까지 저술되었던 문학작품이 17세기에 이르러 출판이라는 매체를 통해 독서가 가능한 서적의 형태로 출현하였다는 의미를 가진다. 구전으로 그칠 수 있었던 중세문화를 읽는 문화로 만든 것이다. 즉 17세기 출판문화는 이전 시기의 문화를 정착시키는 데 결정적인 역할을 했다.

여기에 대량으로 전래된 중국서적은 향후 일본 문화계에 지대한 영향을 주었다. 중세의 문화기반 위에서 새롭게 유입된 중국서적의 영향을 받아

17세기 일본의 서민문화는 독특한 형태를 만들어 나갔다. 여기에 출판이 중요한 역할을 수행했음은 물론이다. 중국 통속문학을 그대로 번각하거나, 비슷하게 모방하는 형식으로 통속문학이 발전하였고 17세기 후반에 이르면 오락서적의 출판시장이 적극 발전하였다. 국학이 발전하고 자신만의 독특한 견해로 주자학의 경전을 읽고 새로운 해석을 내리는 일본만의 독자적 문화가 발전하는 것도 17세기 출판문화의 다양화에서 이미 그 서막이 시작되고 있었다.

제5장
17세기 한·중·일 출판문화 비교

제1절 17세기 한·중·일 정치사회적 상황 비교

17세기 한·중·일의 출판문화는 동아시아라는 지역적 근접성과 한자문화권이라는 공통성에도 불구하고 다양한 편차를 보이며 전개되었다. 이것은 각국이 처했던 정치사회적 상황이 달랐기 때문이다. 따라서 한·중·일 삼국 출판문화의 비교는 각자가 어떠한 상황에서 출판문화를 발전시켜 왔는가를 비교하는 것에서부터 시작해야 한다. 지금까지 고찰했던 한·중·일 각국의 출판문화 특징의 기반 위에서, 본 장에서는 동아시아의 맥락 가운데 3국의 출판문화를 어떻게 자리매김해야 하는지 고찰해보고자 한다.

17세기 한·중·일 세 나라는 공히 외부 또는 내부와의 전쟁을 겪은 지난 16세기의 영향에서 자유롭지 못했다. 한국은 16세기 말엽 일본의 침략으로 시작된 임진왜란 속에서 전 국토가 전쟁터로 변해버린 가운데, 최악의 상황에 처하게 된다. 이순신 장군의 해전에서의 승리와 의병 활동 그리고 명나라의 참전으로 일본 군대를 물리치지만, 이 과정에서 겪게 된 피해는 실로 엄청난 것이다. 왕조는 바뀌지 않았지만, 견고한 신분제의 기반 위에 존립하였던 중세의 지배체제가 흔들리기 시작한 것이다.

중국도 16세기 중후반부터 남부 해안의 왜구 침략, 북방 유목민족들의 남하와 변방의 국경 침입 위협 속에서 살았다. 결국 명 왕조는 새롭게 일어난 후금 곧 청 왕조에게 나라를 넘겨줌으로써, 정치사회적 질서가 새롭게 재편되었다.

일본은 국가 내의 무력 싸움이 수세기 동안 계속되고 있었다. 중세 말 정치적 혼란 속에서 40여 년간의 전란을 겪으며 오다 노부나가가 전국 통일의 기초를 놓았다. 이 기반 위에서 등장한 도요토미 히데요시는 조선 침략 전쟁을 벌인 것이다. 그러나 17세기 최종 승자는 임진왜란에 참여하지 않은 도쿠가와 이에야스였다. 그는 일본의 정치적 통일과 사회적 통합을 이루는 에도막부를 성립시켰다. 이후 일본은 에도막부에서 260여 년간에 이르는 평화의 시대가 열리게 된다. 이 시기에 꽃을 피운 에도문화는 일본 전통시대의 문화를 총결하는 의의를 가진다고 할 수 있다.

그러나 중국(청)과 한국(조선)은 다시 정묘호란과 병자호란을 겪게 되고 그 결과로 조선은 청의 제후국이 되었으며 전쟁 상태는 종식되었다.

정치적으로 한국과 중국의 상황은 매우 열악하였다. 한국은 붕당정치의 구조 속에서 무능과 정쟁이 횡행한 가운데, 전쟁을 막지 못했다. 결국 병자호란에서는 치욕의 항복을 할 수밖에 없었다. 중국 역시 정치적 부패와 환관들의 폭정으로 민란이 일어나고 결국 왕조가 무너지고 말았다.

17세기의 경제 역시 한국이 가장 큰 어려움을 겪었다. 그것은 전쟁과 함께 밀어닥친 기근과 전염병 때문이었다. 한국이 경제적 안정을 찾은 것은 농지 개발과 부세제도의 개혁 등이 비교적 정착된 17세기 말엽이라고 할 수 있다.

그러나 중국은 청 왕조 등장 이래 정치적 안정과 함께 경제가 번영하고 인구도 성장하면서 도시문화가 발달할 수 있었다. 특히 강남지역인 남경에서 상업과 문화가 피어나면서 인쇄·출판도 크게 발달하였다.

일본 역시 에도막부에서의 사회적 안정 속에서 경제가 살아났다. 정부는 기독교의 확산 방지와 안정적인 통치를 위해서 쇄국령을 내렸지만 대외문호를 완전히 폐쇄하지는 않았다. 때문에, 네덜란드가 나가사키에서 일본과 교역할 수 있었고, 중국 남방에서 찾아오는 상선(商船)들이 활발하게 나가사키 무역에 참가하였다. 이 무렵부터 일본은 전통적인 동아시아의 국제관계에서 이탈하였다고 볼 수 있다. 즉, 일본은 중국과의 공식 조공책봉관계를 맺지 않고 대신 경제교역 관계만을 맺은 것이다. 이때부터 중국서적은 중요한 상품으로 수입되었고, 일반 백성들의 기호에 맞는 통속서적과 실용서들이 다양하게 유입되었다. 이렇게 적극적으로 수입된 대량의 중국서적은 17세기 이후 일본의 지식체계는 물론 일상생활에도 지대한 영향을 주었다.

사상적으로는 한국의 경우 대명의리론에 따라 청을 배척하였고, 주자학 중심의 경직된 이데올로기에 몰입하였다. 같은 유교 경전이라도 주자와 다른 해석을 내리면 사문난적이라 취급하고 박해를 가했다. 그런 속에서도 양명학, 노장사상 등 다양한 사상 조류가 소개되었고, 사회개혁사상으로 실학사상이 등장하게 되었다.

중국의 경우 명나라 말기 극심한 정치적 혼란 속에서, 마음을 억누르고 수양을 강조하는 주자학의 이론은 설득력을 잃었다. 마음 깊은 곳에 자리잡은 본성을 발현시키게 되면, 누구나 성인(聖人)이 될 수 있다고 설파하는 양명학이 사람들의 일상 속으로 빠르게 전파되었다. 양명학은 전술했듯이, 타고난 직분(職分)을 강조하는 유학의 입장에서는 매우 반동적인 사상이었지만, 주자학의 교조주의에 지친 명말의 사람들에게는 환영받는 주장이었다.

이러한 새로운 사상의 전파는 인쇄출판의 활성화에 기여하였고, 통속소설이 나올 정도로 상업출판이 발달하는 계기가 되었다. 그러나 청나라 건국 이후 집권 이데올로기로서 다시 주자학이 부각되었다.

일본에서는 주자학의 전래가 처음에는 불교 승려들이 선(禪)의 교리와 비슷한 것을 발견하고 그 이해를 심화시키기 위하여 이루어졌다. 그러나 전쟁이 끝난 이후 막부정권에서는 주자학을 자신들의 통치에 유리하게 활용하기 위하여 적극적으로 받아들였다. 이렇게 하여 주자학이 강조되었고,

이를 위한 교육기관이 곳곳에 생겨났다. 이러한 교육이 처음에는 무사계층을 위한 것이었으나, 차츰 서민을 위한 교육으로도 확대되었다. 이에 따라 대중들의 문자해득능력이 높아졌고, 서적의 수요도 늘어났다.

한편, 중화사상의 거점이었던 명이 멸망하고, 오랑캐로 불리던 만주족이 세운 청 왕조가 등장한 이후, 한국과 일본은 중화사상 또는 중국관에서 독자적인 태도를 취하게 된다. 즉, 한국은 동아시아의 패권국가로 새롭게 부상한 청 왕조를 배척하고 사라져버린 명 왕조에 대한 의리를 고집하는 한편, 중화의 국가 명이 멸망한만큼 사상과 문화의 중심은 조선으로 옮겨오게 되었다고 생각하며, 이른바 조선 중화주의 의식을 갖게 된다. 일본 역시 '화이변태' 곧 중화와 오랑캐가 바뀌었다고 주장하며 독자성을 고집하는 방향으로 뻗어나갔다. 부연하면, 주자학의 경전을 읽고 새로운 해석을 내리는 일본 중심의 사고를 시작했는데, 이는 17세기 출판의 다양화와 맞물리며 더욱 독자적인 문화를 발전시키게 된다.

제2절 17세기 한·중·일 출판 상황 비교

한국의 출판 상황은 앞서 말한 시대적 상황 때문에 최악일 수밖에 없었다. 다시 말하면 한국은 전쟁의 가장 큰 피해자로서 인명과 재산상의 손실은 물론 문화적으로도 엄청난 타격을 받았다. 특히 임진왜란 중에 모든 서적과 활자 및 인쇄기구들이 약탈을 당했다. 전후 인쇄사업의 재건을 위하여 그나마 인력과 재정이 다소 남아 있던 훈련도감에서 금속활자가 아니라 목활자를 주조하게 되었다. 또한 주자학 일변도의 경직된 사상은 문화 발전을 저해하였다. 그러나 다른 한편, 새로운 세계에 대한 비전을 찾는 작업이 민간 차원에서 끊임없이 진행되었으며 그것은 서적 발행으로 나타났다. 이렇게 하여 나온 것이 실학자들의 저술이요 사회 비판 소설이었다.

또한, 한국에서도 늦게나마 사회적 생산력이 증대되면서 상품화폐경제가 생겨나기 시작하였고, 이는 방각본 출판을 활성화시키는 계기로 작용하였다. 그리고 17세기 한국 출판에서 특기할 사실은 기근, 전염병, 전쟁 등 국가적 위기를 서적의 발행·보급을 통하여 해결하고자 하였고, 역사적으로 상당한 성과를 이루어내었다는 점이다.

시대적 상황과 출판의 관련성 속에서 17세기 이후 일본은 한국과 완전히 상반된 길을 걸었다. 말하자면 침략전쟁을 통하여 서적과 활자를 약탈해 감으로써 일본은 출판문화의 부흥기를 맞이한 것이다. 일본은 임진왜란 이전 조선 정부에 사신을 보내 수시로 각종 공물을 바치거나 왜구에 납치당한 사람들의 송환을 반대 급부로 내세우며 팔만대장경의 인쇄본을 요구했는데, 그 횟수가 무려 83회에 달했다. 그러나 임진왜란 이후 이러한 요구는 거의 사라졌고, 오히려 한국에서 가져간 활자로 출판인쇄사업을 일으켰다. 이 사업은 에도(江戶)문화의 다양성 속에서 경제가 번영하고 서민문화가 발달한 가운데 진행되어 큰 발전을 이루게 된다. 부연하면, 인쇄출판사업으로 서적이 늘어나면서 국민들의 문자해득 능력이 향상되고 독서인구가 늘어나고 다시 출판문화가 발전하는 출판선진국의 기반을 마련하게 된 것이다. 일본은 이러한 기반 속에서 오늘날에도 출판 강국의 자리를 지키고 있다고 볼 수 있다.

이와 함께 일본 출판 발전의 중요한 요인은 17세기 이후 자유롭게 유입된 중국 서적의 영향이다. 에도시대 이후 막부의 통제를 받으면서도 다양한 종류의 중국 서적이 상품으로 대량 유입되면서 지배층뿐만 아니라 사회 각 계층의 독서 문화 향상을 이끌어냈다. 당시는 중국에서 상업출판이 크게 발전하여 대량 출판의 절정기에 이른 시기였기 때문에, 그 영향이 일본으로도 쉽게 퍼진 것이다. 당시 일본에 유입된 중국 서적은 주자학 관련 서적뿐만 아니라 소설, 실용서, 오락서 등 다양했다. 이것은 조선에서 이단적인 서책의 수입은 물론 소지와 독서를 금지시키고 책을 불태워버렸던 상황과 대비된다.

또한, 명·청시대의 소설은 에도문학에 큰 영향을 주었는데, 한 예로 『수호지(水湖志)』를 모방한 작품이 20여 종 출현할 정도였다. 수호지는 일본

소설의 창작방식이 단편에서 장편 형식으로 넘어가는 계기가 된 작품으로 인정받고 있다. 동시에 상공업자인 조닌 계층을 대상으로 한 서적도 등장했는데, 그 대표적인 예는 1682년 이하라 사이카쿠(井原西鶴)가 오사카에서 출판한 장편소설 『호색일대남(好色一代男)』이다. 제목에서부터 통속성을 진하게 드러나는 이러한 소설의 본격적인 유통은 조선에서는 불가능했다.

한편, 중국은 정치적으로는 명·청 교체기였기 때문에 매우 혼란했지만, 경제적으로는 상공업과 도시가 발달하고 인구가 늘어나는 번영의 시기였다. 이러한 기반 위에서 인쇄출판은 풍부하고 다양하게 전개되었다. 크게 성장한 중국의 출판문화는 전쟁과 밀무역, 조공(朝貢)과 통상(通商)이라는 공사(公私)의 국제관계를 통해서 동아시아의 인접국으로 확산되었다. 17세기 중국의 출판 상황은 목판인쇄술을 활용한 대량출판을 특징으로 한다. 목판인쇄술은 중국의 다양한 서법(書法)을 표현하는 데 적당했고 재판(再版)도 손쉽게 할 수 있었기 때문에 17세기 이후 줄곧 사용되었다. 대량출판의 시대는 기존의 틀로는 담아낼 수 없는 완전히 새로운 단계로 성장했음을 의미한다. 즉, 서적매매와 유통이 조직적이고 전국적으로 확산되었으며, 전혀 다른 형태의 서적들이 넘쳐나기 시작했다. 대부분 통속문학으로서 소설과 희곡이 번성했고, 정교한 판화가 발달하여 각종 삽화가 들어간 서적이 유행했다. 이것은 읽는 책에서 보는 책으로의 변화가 목판인쇄문화에서도 이루어졌음을 의미한다. 또한 이단적(異端的) 서적이 유행하여 제자백가의 다양한 서적들이 출판되었다. 이에 따라 유학의 위기는 더욱 심화되었다.

한편, 소주, 항주, 남경 등이 새로운 출판중심도시로 부상했다. 특히 남경은 전국의 서적과 서적상들이 모여드는 서적의 집산지가 되었다. 남경에는 전국에서 가장 규모가 큰 향시(鄕試)가 치러지던 공원(貢院)이 있어서 수험기간이 되면 전국에서 수험생들이 몰려들었다. 이렇게 하여 독특한 소비문화가 17세기부터 형성되고 있었다.

이때 이미 저술업으로 생계를 해결하려는 지식인들이 등장하였는데, 이들은 통속문학 작품을 창작하기 시작했다. 즉, 상업적 대가를 받고 저술을 하며 서적의 편집·출판 사업에 참여한 것이다. 이들 지식인 그룹은 '문사

(文社)' 곧 지식인들의 결사체를 조직하여 활동하기도 했는데, 그 가운데 가장 유명한 결사체는 '복사(複社)'였다. 이들은 과거수험용 서적의 편집·제작 작업을 통하여 경제적 이익을 추구했을 뿐만 아니라 재야의 여론을 형성하는 역할도 맡았다.

시대 상황을 볼 때, 한·중·일 삼국은 17세기 전후 다소간의 차이는 있지만 위기의 시대를 겪고 있었다고 할 수 있겠다. 전쟁과 기근의 최대 피해자인 한국은 물론 전쟁을 벌인 일본이나 중국도 마찬가지이다. 그러나 농업 생산력의 증대와 경제 발전 속에서 삼국은 17세기 후기에 오면 위기의 시대를 극복하고 새로운 평화와 문화의 세기로 나아갈 기반을 마련하는 데 주력하였고 상당한 수준의 성과를 거둔 것으로 평가된다. 이와 같은 성과의 가장 큰 요인으로 삼국 공히 출판 활동을 꼽을 수 있을 것이다. 한국의 경우 위기 극복과 새로운 세계의 비전 제시에서, 중국의 경우 상업 경제의 흥성과 국제적 세력 확장에서, 일본의 경우 경제적 번영과 문화적 풍요를 이루는 데에, 출판은 매우 중요한 원동력으로 작용하였다.

제3절 17세기 한·중·일 출판물의 특성 비교

이제 17세기 출판물 자체의 경향이나 특성을 정부출판물과 민간출판물로 나누어 비교해보자. 우선, 정부출판물의 경우를 살펴보기로 한다.

한국은 단연 유학 관련 서적, 그중에서도 주자학 서적이 강세를 보이고 있다. 물론 이것은 삼국에서 공통적으로 일어난 현상이다. 중국은 명 왕조 말기에 양명학이 크게 힘을 가질 정도로 활동하였지만, 청 왕조가 들어서면서 주자학이 다시 부각되었음은 이미 서술하였다. 일본은 에도막부에서 효과적인 통치를 위하여 주자학을 받아들였고, 그 교육을 위한 학교들을 곳곳에 세웠음은 확인한 바 있다.

그러나, 중국과 일본의 경우, 한국에서와 같은 이념적 경직성은 찾아보기 어렵다. 『명심보감』의 전파과정에서 보듯이, 똑같은 책이라도 중·일과 달리, 한국에서 간행되는 경우에는 원래 있던 불교, 도교 관련 내용은 삭제하고 주자학 사상에 적합한 내용만으로 재편집하여 보급하고 있다. 이러한 경직된 이데올로기의 전통은 오늘날까지도 남아 있는데, 그 뿌리가 17세기 독서문화에까지 닿아 있음을 삼국 간의 비교 속에서 확인하게 된다.

현실 극복 또는 실생활에 필요한 수단으로서 실용서들이 활발하게 간행된 것은 정부 출판물에서나 민간 출판물에서 마찬가지이고 삼국의 공통적인 현상이라 할 수 있다. 그러나 이러한 서적을 가장 적극적으로 출판한 곳은 한국이었다. 그것은 전술한 대로 전쟁과 기근으로 인하여 국가는 위기에 처하였고, 민중들의 삶은 피폐해질대로 피폐해졌기 때문일 것이다. 실용서 분야에서도 한국이 농업·의학·군사 관련 서적의 출판이 강조된 반면, 중국 명 왕조에서는 정부 각 부처의 업무 관련 서적 출판이 강세였고, 감찰기구인 도찰원에서는 『삼국지연의』와 『수호지』 같은 소설을 출판하기도 했다. 이는 소설 출판을 금기시했던 조선조의 출판정책과는 판이한 양상을 보여준다. 청 왕조에서는 유교 경전과 함께 『어제고문연감』 같은 문학작품 모음집도 출판하였다.

일본 정부는 관료들의 유가적 교양을 위한 서적 출판에 힘을 쏟았다.

정부 출판물 중 역사 분야는 삼국 공통으로 나온다. 이것은 현대와 달리 정부 스스로 역사서 출판에 큰 관심을 기울였음을 알게 해준다.

한국은 국가 정체성의 확립을 위하여 전란으로 훼손된 『조선왕조실록』의 복구에 주력하는 한편, 『국조보감』, 『열성지상통기』 등을 편찬하기 시작했다. 그 외 일반역사서 분야도 고려사를 다룬 『여사제강』(유계)과 『휘찬여사』(홍여하) 등, 한국 고대사를 연구한 『동국통감제강』(홍여하), 『동사』(허목) 등 다양한 저술들이 간행되었다. 조선시대 지식인들의 기록정신과 역사의식은 매우 확고했기 때문에, 위기의 17세기에도 역사서 편찬과 저술이 더욱 적극적으로 이루어진 것으로 생각된다.

일본의 역사서는 칙판으로 『일본서기·신대권』이 있고, 번판으로 『중조사실』, 『일본사』 등이 있다. 이 중에 『일본사』는 전체가 250권에 달하는 대형기획물이다. 이러한 역사서 출판은 번의 다이묘들이 막부에 대한 자신들의 충성심을 보여주는 증표로 활용되기도 했다.

중국의 경우, 명대에는 남경 국자감과 북경 국자감에서 각각 『이십일사』와 『십칠사』를 출판하였다. 이러한 활동들은 명 말기의 정치적 혼란 속에서 위축될 대로 위축된 출판 침체기에 나왔다는 점에 의미가 있을 것이다.

이처럼, 역사서 출판의 주체를 보면, 한국은 국책사업으로 중앙정부가 주도하였고, 일본은 지방정부인 '번'에서의 활동이 두드러졌고, 중국은 국자감에서 교육용으로 낸 것이 특징이라 할 수 있다.

다음은 민간출판물에 대하여 살펴보자.

민간의 상업출판 경향을 보면, 한·중·일 삼국은 국가별로 교차하며 공통점과 차이점을 나타내고 있다. 다시 말하면, 실용서 출판의 강조는 삼국이 공통이지만, 과거 수험서 출판은 한국과 중국에서, 소설 분야는 중국과 일본에서 강세를 보이고 있다. 전업작가는 중국과 일본에서 등장하였고, 효율적인 독서 방식은 한국과 중국에서 유행한 바 있다. 한 가지씩 살펴보기로 하자.

우선, 실용서 출판의 강세는 정부출판물과 마찬가지로 삼국 공통이지만, 구체적인 내용은 국가별로 다르게 나타난다. 한국의 실용서는 정부출판물처럼 기근 극복이나 농업 관련 서적에 집중되고 있다. 이처럼 실용서의 종류는 한계가 있지만, 이제 출판물 유통이 실용성을 매개로 하여 일반 국민들에게로 확산되기 시작했다는 데에 의미를 둘 수 있을 것이다.

중국의 실용서는 의서(醫書), 일상생활에 필요한 각 부문의 지식을 담은 일용유서, 생활법률서, 상인용 정보서적 등이 있는데, 이것은 17세기에 시민의식이 성장하고 인쇄기술이 발전하면서 서민들을 위한 서적들이 다양하게 출판된 것이라 할 수 있다.

일본의 실용서로는 지역 정보 또는 연극이나 스모 등의 프로그램을 소개해주는 서적이 있고, 심지어 유곽 정보서와 기녀들에 대한 품평 서적이 있는가 하면, 다이묘와 그의 무사 및 구성원들에 대한 정보를 상세하게 알려주는 『무감(武鑑)』도 있다. 이러한 실용서들은 상공업과 도시가 발달하여 사람과 물자가 빈번히 왕래하는 시기에 생겨나 필수품 역할을 했을 것이다.

다음, 과거 수험서 출판은 중국에서 가장 크게 성행했는데, 수험 내용인 『사서(四書)』에 대한 공부보다는 『사서』 해설서를 만들어 합격 비결을 제시해주는 모범 답안을 발간한 것이다. 이것은 과거 준비 수험생이 폭증한 데에서 나온 결과일 것이다.

한국은 과거 공부에 유용한 교재로서 백과사전류나 시문선집의 출판이 활발하였다. 이는 상업출판의 속성상 깊이있고 치밀한 학문적 성과보다는 계몽적인 역할에 더 큰 비중을 두었기 때문일 것이다.

다음은 소설 분야를 살펴보자. 중국은 통속소설과 희곡이 강세를 보였는데, 소설책에서 삽화를 많이 넣어 독자들의 호응을 끌어내려 하였다. 이것은 당시 중국 판화기술의 발달과도 연계된다. 일본의 경우도 적나라한 생활상을 묘사하는 통속소설의 출판이 활발해지면서 다색판화를 이용한 삽화를 많이 넣었다. 이런 통속소설의 유행은 전술했듯이, 상공업의 발달과 도시 인구의 확대에서 기인하는 바 크다. 조선에서도 17세기 후반 화폐경제의 발달에 따라 방각본이 활성화되기는 하였지만, 통속소설의 유행으로까지는 나아가지 못하였다.

중국과 일본에서는 통속소설의 성행과 함께 저술업으로 생계를 해결하는 전업작가가 등장하였고, 일부 작가는 유명인의 대열에 오르기도 하였다. 대표적인 인물이 일본 서민들을 대상으로 한 최초의 베스트셀러 『호색일대남』의 저자 사이카쿠이다. 아울러 히시가와 모로노부처럼, 소설의 삽화를 그려 유명해진 인기 화가도 나왔다.

중국의 경우 명말 이후 관계에 진출하지 못한 지식인들은 일본에서처럼 저술업을 통해 생계를 해결하고자 했다. 당시 중국에서는 조선과 달리 고급 관료들도 돈을 받고 저술활동을 하는 것을 부끄럽게 생각하지 않았다. 전업작가들이 찾은 주무대는 출판업이 발달된 남경이었다.

효율적인 독서를 위해서 조선에서는 축약본(다이제스트판)을 보급하였다. 이러한 축약본은 정부 출판물에서도 보이는데, 『주자대전』 같은 방대한 서적을 발췌 또는 축약해서 널리 보급하고자 한 것이다. 이것은 국가

이념의 전파 사업으로 이루어진 것이지만, 민간 출판물에서도 자주 등장하였다. 구체적으로『사문유취초』,『동의보감초』,『명심보감초』등과 같이, 대규모의 백과사전이나 의학서적 또는 교화서들을 축약판으로 만들어 널리 보급하고자 한 것이다. 무엇보다도 민중들의 효율적인 독서를 강조한 것이라 할 수 있다.

중국의 경우 명말 상업출판에서 축약본이 크게 성행하였는데,[1] 앞서 말한 과거 수험용 모범 답안 출판은 이러한 축약본이 극단으로 나간 행태라 할 수 있을 것이다.

17세기 출판물들은 삼국 공히 다음 세기를 준비하는 성격이 짙다고 볼 수 있다. 왜냐하면 다음 세기인 18세기에는 삼국 모두 본격적인 평화의 세기를 구가하면서 한층 발전된 출판문화를 보여주고 있기 때문이다. 다시 말하면, 18세기의 동아시아 출판문화는 삼국이 각자 자의식을 더욱 강화시키는 가운데, 동아시아라는 특징을 공유하면서도 독특한 자국 문화를 형성·발전시켜 나갔다고 볼 수 있다.

---

1) 축약본 발행은 명대 서적 출판의 특징으로 지적되는 현상 가운데 하나였다. 명말 서적 상인들의 활동이 활발해지면서 독자들의 편의를 고려하거나 혹은 간단한 형태로 출판하기 좋게 만들기 위해서 편집을 맡은 지식인들이나 때로는 서적 상인들이 원서(原書)를 있는 그대로 출판하지 않고 중요한 부분만을 발췌해서 출판하는 것이 유행이 되었다. 이에 대해 청대의 지식인들은 서적의 역사가 명말 상인의 손에 의해서 망쳐졌다고 개탄하였다. 즉, 원서의 뜻을 전달할 수 없는 저속한 존재로 만들었다고 비판한 것이다.

제6장
결론

이 연구는 17세기 동아시아의 출판문화를 역사적으로 고찰한 것이다. 전쟁과 정치적 격변을 겪은 17세기 동아시아는 대외관에 균열이 생기면서 중화의 가치도 다원화되었다. 또한 각 나라는 자국의 자의식을 강화시켜 나가게 되었다. 이러한 변화는 명·청 교체기에 정부의 공적 차원에서만 머물던 중국과의 관계가 민간의 사적(私的) 관계로까지 확대되는 가운데, 더욱 심화·확대되었다. 조선은 명·청의 교체를 경험하면서 소중화의식에서 조선 중화의식으로 발전하였고, 일본은 '화이변태' 의식으로 독자성을 고집하였다.

마침 이때, 이루어진 중국 서적들의 각국 유입은 이러한 사상적 변이를 더욱 촉진시켰다. 그것은 사상과 정신을 담는 그릇으로서의 서적이 갖는 속성 때문이라 할 수 있다. 여기에서 우리는 17세기 동아시아의 역사 속에서 서적출판의 역할을 깊이 인식하게 되는 것이다.

그러나 아직까지 17세기 동아시아 출판에 대한 종합적 연구는 시도되지 않고 있다. 따라서 처음 시도되는 이러한 역사 연구는 미래 동아시아 문화

공동체의 형성에 출판이 기본 토대가 되어야 함을 알려줄 것으로 기대한다.

이번에 우리가 17세기 동아시아 출판문화를 고찰하면서 얻은 몇 가지 인식을 서술하고자 한다.

첫째, 동아시아는 역사적 실체로서 과거의 문제가 아니라 현재도 살아 있어야 할 과제라는 점이다. 그것은 삼국이 서로 전쟁을 벌이고도 결국은 하나의 동아시아 공동체로서 상호 공조 협력의 틀 안에서 살아올 수밖에 없었다는 역사적 사실에 대한 삼국 공동의 인식이 필요하다고 생각한다. 이러한 인식이 가능해져야 한일 간의 교과서 분쟁이나 중국의 동북공정 같은 갈등과 억지가 사라질 수 있을 것이다.

둘째, 17세기에 전개되었던 다양한 문제들은 현재 또는 미래 어느 시점에도 일어날 수 있다는 점이다. 쉬운 예로 가장 경직된 주자학 이데올로기를 고집했던 한국은 지금도 가장 보수적인 이념에 갇힌 행태를 종종 보여주고 있는데, 이것은 그대로 출판문화에도 나타나고 있다. 국제화가 급속도로 진전되는 시점에 우리식 이념 경직성은 탈피해야 한다는 사실을 17세기 출판문화 연구가 보여주고 있다.

셋째, 서적 출판 행위가 있는 한, 아무리 강력한 지배구조의 경직된 사상 체계라 하더라도 전국민을 강제하지는 못하고 있다는 사실이다. 사상의 흐름은 출판을 매개로 소수 집권층에서 엘리트 지식인층으로 다시 서민 대중에게로 흐르고 있는데, 여기에 서적이 커다란 힘을 발휘하고 있다.

넷째, 출판이 역사 발전의 원동력이라는 사실은 서구 출판문화사에서만이 아니라 동아시아 출판문화사에서도 여실하게 증명되었다는 점이다. 즉, 구텐베르크 인쇄혁명, 루터의 종교개혁, 프랑스혁명, 미국 독립 등에서 이루어진 출판의 힘은 17세기 아시아에서도 변함없이 발휘되었음을 이번 연구에서 확인하게 되었다.

◈ 참고문헌 ◈

▌국문도서

강만길, 『한국근대사』, 서울: 창작과비평사, 1990.

강명관, 「조선후기 京華世族과 古董書畵 취미」, 『동양한문학연구』 12, 1998.

_____, 「조선후기 서적의 수입·유통과 藏書家의 출현」, 『민족문학사연구』 9-1, 1996.

姜順愛·宋日基 공역, 『인쇄문화사』, 서울: 아세아문화사, 1995.

강혜영, 「朝鮮朝 正祖의 書籍 蒐集政策에 관한 硏究:奎章閣을 중심으로」, 연세대박사 논문, 1990.

國立中央博物館 美術部, 『조선시대 초상화 I』, 서울: 국립중앙박물관, 2007.

국립중앙박물관특별전편집위원회편, 『한국 박물관 개관 100주년 기념 특별전』, 서울: 국립중앙박물관, 2009.

국사편찬위원회 편, 『한국사』 35, 서울: 탐구당, 2003.

권숙인, 「근세 일본에서 대중관광의 발달과 종교」, 『지역연구』 6-1, 1997.

기시모토 미오, 미야지마 히로시/김현영 외 譯, 『조선과 중국, 근세 오백년을 가다』, 서울: 역사비평사, 2003.

김동환, 「초략본 명심보감의 간행 경위와 그 내용」, 『서지학연구』 제18집, 1999.

김두종, 『한국고인쇄기술사』, 서울: 탐구당, 1992.

김문식, 「18세기 후반 서울 學人의 淸學인식과 淸 文物 도입론」, 『규장각』 17,

1994.

김성칠, 「燕行小考」, 『역사학보』 12, 1960.

김세한, 「조선조 초학(初學) 교재 연구」, 『漢文學散藁』, 安東: 安東大學校出版部, 1991.

김영선, 「中國類書의 한국 傳來와 收容에 관한 研究」, 『서지학연구』 26, 2003.

김영진, 「朝鮮後期의 明淸小品 수용과 小品文의 전개 양상」, 고려대 박사논문, 2004.

남의현, 『명대요동지배정책연구』. 강원대학교출판부, 2008.

레이황·김한식 외 역, 『1587 만력 15년 아무 일도 없었던 해』, 서울: 새물결, 2004.

류쒸리 외 저. 한국출판마케팅연구소 편. 『동아시아에 새로운 '책의 길'을 만든다』, 서울: 한국출판마케팅연구소, 2004.

梅棹忠夫編/이원희 譯, 『일본문명의 이해』, 서울: 중문, 1992.

모리스 쿠랑/이희재 역. 『한국서지』, 서울: 일조각, 1994.

문성재, 「명말희곡의 출판과 유통-강남지역의 독서시장을 중심으로」, 『중국문학』 41, 2004.

미나모토 료엔/박규태·이용수 역, 『도쿠가와 시대의 철학사상』, 서울: 예문서원, 2000.

박재연, 「綠雨堂에서 읽었던 중국소설에 대하여」, 송일기·노기춘 편, 『海南 綠雨堂의 古文獻』(1册), 서울: 태학사 2003

배현숙, 「宣祖初 校書館활동과 書籍流通考-柳希春의 『眉巖日記』분석을 중심으로」, 『서지학연구』 18, 1999.

_____, 「조선후기 인쇄술」, 민족문화연구소 편, 『한국문화사상대계』 3권, 경산: 영남대학교 출판부, 2004.

백남욱 엮음, 『한국문화사』, 서울: 대왕사, 2006.

백영서 외, 「비판적 지성이 만드는 동아시아」, 孫歌, 『아시아라는 사유공간』, 파주: 창비, 2003.

부길만, 「17세기 한국 방각본 출판에 관한 연구」, 『출판잡지연구』 제10호, 2002.

_____, 『조선시대 방각본 출판 연구』, 서울: 서울출판미디어, 2003.

성해준, 「동아시아의 "명심보감" 연구-중국·한국·일본 사회에 미친 영향을 중심으로」, 『퇴계학과 한국문화』 제36호, 경북대학교 퇴계학연구소, 2005.

송일기, 「"奎章總目"과 "閣古觀書目"」, 『淸浪鄭駜謨博士華甲紀念論文集』, 1990.

야마구치 게이지/김현영 譯, 『일본근세의 쇄국과 개국』, 서울: 혜안, 2001.

염정섭, 「조선시대 농서 편찬과 농법의 발달」, 서울대학교대학원 국사학과 박사학위논문, 2000.

오금성, 「명청시대의 강남사회-도시의 발달과 관련하여」, 『중국의 강남사회와 한중교섭』, 서울: 집문당, 1997.

_____,「中國의 科擧制와 그 정치·사회적 기능－宋明淸시대의 사회의 계층이동을 중심으로」,『科擧』, 서울: 일조각, 1981/1992.

오오키 야스시/노경희 역,『명말 강남의 출판문화』, 서울: 소명출판, 2007.

오와테 데쓰오 감수/이언숙 옮김,『도쿠가와3대』, 서울: 청어람미디어, 2003.

유탁일,『한국문헌학연구』, 서울: 아세아문화사, 1989.

윤남한,『朝鮮時代의 陽明學研究』, 서울: 集文堂, 1982.

윤병태,『조선 후기의 활자와 책』, 서울: 범우사, 1992.

尹炳泰,『朝鮮後期의 活字와 册』, 범우사. 1992.

윤세순,「16세기 중국소설의 국내유입과 향유 양상」,『민족문학사연구』 25, 2004.

이 현,「淸學東傳에 대한 一檢討－燕行을 중심으로」,『가라문화』 9, 1992.

이경구,『17세기 조선 지식인 지도』, 서울: 푸른역사, 2009.

이민희,『16~19세기 서적중개상과 소설·서적 유통관계 연구』, 연세국학총서 85, 서울: 역락원, 2007.

이영학,「17세기 사회경제적 상황」, 이영학 편,『17세기 한국 지식인의 삶과 사상』, 서울: 다해, 2006.

이재정,「嘉靖 後期 福建 沿海地域의 倭寇·海寇와 地域支配構造」,『전통문화연구』 4, 1996.

이존희,「朝鮮前期 對明書册貿易－수입면을 중심으로」,『진단학보』 44, 1976.

_____,「조선전기의 對明 서책무역」,『진단학보』 44, 1978.

정병설,「17세기 동아시아 소설과 사랑」,『관악어문연구』 제29집.

정형우,「‘五經四書大全’의 輸入 및 그 刊板廣布」,『동방학지』 63, 1989.

_____,「正祖의 文藝復興政策」,『동방학지』 11, 1970.

제롬케를루에강/이상해 역,『명나라시대 중국인의 일상』, 서울: 대한교과서, 2005.

조영록,「朝鮮의 小中華觀」,『역사학보』 149, 1996.

최완기,『테마로 읽는 조선의 역사』, 서울: 느티나무, 2000.

최용철,「明淸소설의 동아시아 전파와 교류－“剪燈新話”를 중심으로」,『중국학논총』 13, 2000.

澤井啓一,「日本에 있어서의 新儒敎의 전개」,『종교와 문화』 4, 1998.

티모시 브룩/이정·강인황 역,『쾌락의 혼돈－중국 명대 상업과 문화』, 서울: 이산, 2005.

하일식,『연표와 사진으로 보는 한국사』, 서울: 일빛, 1998.

한영우,『조선후기 사학사 연구』, 서울: 일지사, 1998.

홍선표 外,『17·18세기 조선의 외국서적 수용과 독서문화』, 서울: 혜안, 2006.

황지영,「明代 수험서의 상업적 발달과정과 ‘知識’의 확산」,『중국학보』 58, 2008.

▌외국도서 ──────────────────────────────

〈중문도서〉

郭松義, 李新達, 李尙英, 『淸朝典章制度』, 吉林: 吉林文社出版社, 2002.

區園林局匯纂, 『北京廟會史料通考』, 北京: 北京燕山出版社, 2002.

唐代史硏究會編, 『中國都市の歷史的硏究』, 『唐代史硏究會報告 第4集』, 1988.

大木康, 「陳繼儒與馮夢龍-明末出版文化史小考」, 『中國學報』 35, 1995.

待餘生, 「燕市積弊」, 『愛國報』, 1909.

杜信孚, 『明代版刻綜錄』, 湖南: 廣陵書社, 1985.

羅錦堂, 『歷代圖書板本志要』, 臺北: 中華叢書委員會, 民國47[1958].

毛春翔, 『古書版本常談』, 上海: 上海古籍出版社, 1962・2002.

繆永禾, 『明代出版史稿』, 江蘇: 人民出版社, 2000.

繆昌期撰, 『新鐫繆當時先生四書九鼎』 13卷, 長庚館刻本, 北京 國家圖書館소장 善本.

方彦壽, 「建陽熊氏刻書術略」, 『古籍整理與硏究』 6, 1991.

_____, 「建陽劉氏刻書考」, 『文獻』 1988-2, 1988-3.

_____, 「明代刻書家熊宗立術考」, 『文獻』 1987-1.

_____, 「閩北十四位刻書家生平考略」, 『文獻』 1993-1.

_____, 「閩北十八位刻書家生平考略」, 『文獻』 1994-1.

_____, 「閩北劉氏等十四位刻書家生平考略」, 『文獻』 1991-1.

_____, 「熊云濱與世德堂本西遊記」, 『文獻』 1988-4.

白新良主編, 『中朝關係史-明淸時期』, 北京: 世界知識出版社, 2002.

北京圖書館 編, 『中國版刻圖錄 增訂本』, 北京: 文物出版社, 1990.

謝國禎, 『明末淸初的學風』, 上海: 上海書店出版社, 2004.

謝永順・李珽, 『福建古代刻書』, 福建: 福建人民出版社, 1997.

謝肇淛, 『五雜組』, 歷代筆記叢刊, 上海: 上海書店出版社, 2001.

蕭東發, 「建陽余氏刻書考略」, 『歷代刻書槪況』, 北京: 印刷工業出版社, 1991.

_____, 『中國圖書出版印刷史論』, 北京: 北京大出版社, 2001.

蕭東發 編, 『板本學硏究論文選集』, 臺北: 書目文獻出版社, 1995.

孫殿起, 『琉璃廠小志』, 北京: 北京古籍出版社, 2001.

孫殿起輯・雷夢水編, 『北京風俗雜詠』, 北京: 北京古籍出版社, 1982.

宋原放主編, 『中國出版史考』, 湖州: 湖北敎育出版社, 2004.

習五一, 『北京的廟會民俗』, 北京出版社, 1999.

沈新林, 「李漁金陵事迹考」上・下, 『南京師大學報』 1993年 2期・1994年 2期.

楊正泰校注, 『天河水陸路程(等)』, 山西: 山西人民出版社, 1992.

葉樹聲·余敏輝, 『明淸江南私人刻書史略』, 合肥: 安徽大學出版社, 2000.

吳應箕, 『留都見聞錄』卷下, 『貴池唐人集本』178, 上海: 上海書店, 1994.

王桂平, 『家刻本』, 江蘇古籍出版社, 2002.

汪燕崗, 「明代中晚期南京書坊和通俗小說」, 『南京社會科學』 2004年 2期.

王曉秋·大庭修 主編, 『中日文化交流史大系 (1) 歷史卷』, 浙江: 浙江人民出版社, 1996.

_____, 『中日文化交流史大系 (9) 典籍卷』, 浙江: 浙江人民出版社, 1996.

袁 逸, 「作爲出版商的李漁」, 『出版發行研究』 2000年 11期.

袁黃撰/袁儼註, 『增訂二三場墓書備考』4卷, 「凡例」, 崇禎吳縣書林大觀堂刻本, 北京
國家圖書館소장 善本.

劉鳳雲, 『明淸城市空間的文化探析』, 北京: 中央民族大學出版社, 2001.

劉尙恒, 『徽州刻書與藏書』, 廣陵書社, 2000.

劉石吉, 『明淸時代江南市鎭硏究』, 北京: 中國社會科學出版社, 1987.

劉 爲, 『淸代中朝使者往來硏究』, 哈尔濱: 黑龍江教育出版社, 2002.

兪爲民, 「明代南京书坊刊刻戲曲考述」, 『艺术百家』 1997年 4期.

陸 堅·王勇主編, 『中國典籍在日本的流傳與影響』, 杭州: 杭州大學出版社, 1990.

李瑞良, 『中國古代圖書流通史』, 上海: 上海人民出版社, 2000.

李致忠, 『古書版本鑑定』, 北京: 文物出版社, 1997.

_____, 『古書版本學槪論』, 北京: 北京圖書館出版社, 1990.

任繼愈主編, 『明本』, 南京: 江蘇古籍出版社, 2002.

_____, 『坊刻本』, 南京: 江蘇古籍出版社, 2002.

_____, 『淸刻本』, 南京: 江蘇古籍出版社, 2002.

張秀民, 『張秀民印刷史論文集』, 北京: 北京出版社, 1990.

_____, 『中國印刷史』, 上海: 人民出版社, 1989.9.

張存武, 「淸代中國對朝鮮文化之影響」, 『淸代中韓關係論文集』, 臺北: 臺灣商務印書
館, 1987.

鄭如斯·蕭東發編著, 『中國書史』, 北京: 書目文獻出版社, 1982/1996.

丁 易, 『明代特務政治』, 北京: 中外出版社, 1951.

鄭振鐸, 「明淸二代的平話集」, 『西諦書話』, 北京: 三聯書店, 1920/1983.

鐘明奇, 「李漁:一個有作爲的書坊主與編輯家」, 『復旦學報』 1995年 4期.

周寶榮, 『宋代出版文化史硏究』, 河北: 中州古籍出版社, 2003.

朱賽虹, 曹鳳祥, 劉蘭肖, 『中國出版通史(淸代卷)』, 北京: 中國古籍出版社, 2009.

陳學文, 『明淸時期太湖流域的商品經濟與市長網絡』, 浙江: 浙江人民出版社, 2000.

彭斐章 主編, 『中外圖書流通史』, 湖南: 湖南教育出版社, 1998/1999.

何宗美, 『明末淸初文人結社硏究』, 天津: 南開大學出版社, 2003.

向燕南, 「明代北塞军事危机与边镇志书的编纂」, 『中州学刊』 151期, 2006年 1期.
胡應麟, 『少室山房筆叢』, 上海: 上海書店出版社, 2001.
黃　裳, 『銀魚集』, 北京: 生活·讀書·新和三聯書店, 1985.

〈일문도서〉

岡野他家夫, 『日本出版文化史』, 東京: 原書房, 1981/1983.
江戶文化歷史檢定協會 編, 『大江戶見聞錄』, 東京: 小學館, 2008.
吉原健一郎, 大濱徹也 編, 『江戶東京年表』, 東京: 小學館, 2002.
吉田精一, 『日本文學史』, 吉田精一 著作集 19, 東京: 櫻楓社, 1980.
吉田豊, 『江戶のマスコミ‘がわら版’』, 東京: 光文社, 2003.
吉川幸次郎, 『荻生徂徠』, 日本思想大系36, 東京: 岩波書店, 1973.
內田啓一, 『江戶の出版事情』, 東京: 靑幻舍, 2007.
大木康, 「明末江南における出版文化の硏究」, 『廣島大文學部紀要』 50, 1991.
大石學 編著, 『江戶時代のすべてがわかる本』, 東京: サシメ出版社, 2009.
大庭修, 『江戶時代の日本秘話』, 東京: 東方書店, 1980.
_____, 『江戶時代における中國文化受容の硏究』, 京都: 同朋舍, 1984.
渡邊浩, 『近世日本社會と宋學』, 東京: 東京大學出版社, 1986.
_____, 『東アジアの王權と思想』, 東京: 東京大學出版社, 1997.
藤實久美子, 『江戶の武家名鑑－武鑑と出版競爭』, 東京: 吉川弘文館, 2008.
藤井讓治, 『德川家光』, 東京: 吉川弘文館, 1997.
藤塚隣, 『淸朝文化東傳の硏究－嘉慶·道光學壇と李朝の金阮堂』, 東京: 國書刊行會, 1975.
彌吉光長, 『江戶時代の出版と人』, 彌吉光長著作集3, 東京: 日外アソシエーツ, 1980.
寺田隆信, 『山西商人の硏究』, 東京: 同朋社, 1972.
山脇悌二郎, 『長崎唐人貿易』, 東京: 吉川弘文館, 1995.
岩淵令治, 「江戶の都市空間と住民」, 高埜利彦編, 『元祿の文化と社會』, 東京: 吉川弘文館.
塩村耕, 『江戶珍貴本の世界』, 東京: 家の光協會, 2007.
鈴木俊幸, 『江戶の讀書熱－自學する讀者と書籍流通』, 東京: 平凡社, 2007.
仁位孝雄, 『朝鮮通信使の道 寫眞集』, 長岐: (株)昭和堂, 2002.
井上進, 『中國出版文化史』, 京都: 名古屋大學出版社, 2002.
中砂明德, 『江南－中國文雅の原流』, 東京: 講談社, 2002.
眞壁仁, 『德川後期の學問と政治: 昌平坂學問所儒者と幕末外交變容』, 東京: 名古屋大學出版會, 2007.
川瀨一馬,『日本出版文化史』, 東京: 日本エディタースクール出版部, 1983.
川瀨一馬 編,『古活字版之研究』, 安田文庫, 1937.
河勝守,『明淸江南市鎭社會史硏究: 空間と社會形成の歷史學』, 臺北: 韓美書籍, 2004.
丸山雍成,『參勤交代』, 東京: 吉川弘文館, 2007.
丸山眞男,『日本政治思想史硏究』, 東京: 東京大學出版社, 1952.
荒野泰典,『近世日本と東アジア』, 東京: 東京大學出版會, 1988.

〈영문도서〉

Berry, Mary Elizabeth, *Hideyoshi*, Cambridge: Harvard University Press, 1982.
_____, *The Culture of Civil War in Kyoto*, Berkeley: University of California Press, 1994.
Brokaw, and Chow, ed., *Printing and Book Culture in Late Imperial China*, Berkeley: University of California Press, 2005.
Brook, Timothy, "Censorship in Eighteenth Century China: A View from the Book Trade," *Canadian Journal of History*, 23-2, 1988.
Chang-Chun-shu, Chang-Shelley Hsueh-lun, *Cirsis and Transformation in 17th century China: society, culture and modernity in Li yu' world*, Ann Arbor: University of Michigan Press, 1992.
Chia, Lucille, "The Development of the Jiangyang Book Trade, Song, Yuan," *Late Imperial China* 17-1, 1996.
_____, "Commercial Publishing in Jiangyang from the Late Song to the Late Ming," P.J. Smith & R. von Glahn, eds., *The Song-Yuan-Ming Transition in Chinese History*, Cambridge, MA: Harvard University Asia Center Press, 2003.
Chow, Kai-wing, "Writing for Success," *Late Imperial China* 17, 1996.
_____, *Publishing, Culture, and Power in Early Modern China*, Stanford, Calif.: Stanford University Press, 2004.
Dore, R. P., *Education in Tokugawa Japan*, London: Athlone Press, 1984.
Elman, Benjamin, "Political, Social, and Cultural Reproduction via Civil Service Examinations in Late Imperial China," *Harvard Journal of Asiatic Studies* 50-1, 1991.
Sansom, G., *A History of Japan 1344~1640*, Stanford: Stanford University Press, 1981.
Harrell, Stevan, *Cultural Encounters on China's Ethnic Frontiers*, Seattle: University

of Washington Press, 1994.

Hegel, R., *Reading Illustrated Fiction in Late Imperial China*, Stanford: Stanford University Press, 1998.

_____, "Niche Marketing for Late Imperial Fiction," *Printing and Book culture in Late Imperial China*, University of California Press, 2005.

Howard, Hibbett, *The floating world in Japanese fiction*, Rutland, Vt.: C. E. Tuttle Co., 1980/1959.

Johnson, Nathan, Rawski, *Popular Culture in Late Imperial China*, Berkeley: University of California Press, 1985.

Kornicki, Peter F., *The book in Japan: a cultural history from the beginnings to the nineteenth century*, Leiden; Boston: Brill, 1998.

Lee, Butler, "Tokugawa Ieyasu's Regulations for the Court," *Harvard Journal of Asiatic Studies*, 54-2, 1994.

Innes, Robert Leroy, *The Door Ajar: Japan's Foreign Trade in the Seventeenth Century*, Ph. D. dissertation, University of Michigan, 1980, University Microfilms, 1981.

McClain, James, John Merriman, Kaoru Ugawa, *Edo and Paris: urban life and the state in the early modern era*, Ithaca; London: Cornell University Press, 1994.

Naohiro, Asao, Marius B. Jansen, "Shogun and Tenno," John Whitney Hall, Nagahara Keiji, and Kozo Yamamura, eds., *Japan before Tokugawa: political consolidation and economic growth, 1500-1650*, Princeton: Princeton University Press, 1981.

Nivison, and Wright, *Confucianism in Action*, Stanford: Stanford University Press. 1959.

Rawski, Evelyn, *Education and Popular Literacy in Ch'ing China*, Ann Arbor: University of Michigan Press, 1979.

_____, "Economic and Social Foundations," Johnson, Nathan, Rawski, eds., *Popular Culture in Late Imperial China*, Berkely, LA, London: University of California Press, 1985.

Rawski, Evelyn, "The Qing Formation and the Early-Modern Period," Lynn Struve, ed., *The Qing Formation in World-Historical Time*, Cambridge, Mass.: Harvard University Asia Center, 2004.

Rubinger, Richard, *Private Academies of Tokugawa Japan*, Princeton, N.J.: Princeton University Press, 1982.

Shively, Donald, "Tokugawa Tsunayoshi, the Genroku Shogun," *Craig and Shively, Personality in Japanese History*, Berkeley: University of California Press, 1970.

Shively, Donald, "Popular Culture," John Whitney Hall, ed., *The Cambridge history of Japan, v. 4, Early modern Japan*, Cambridge: Cambridge University Press, 1990.

Spence, Jonathan, *Ts'ao Yin and the K'ang-hsi Emperor: bondservant and master*, New Haven, Yale University Press, 1966.

Tokugawa, Tsunenari, *The Edo Inheritance*, Tokyo: International House of Japan, 2009.

Vaporis, Constantine, *Breaking Barriers: Travel and the State in Early Modern Japan*, Cambrige: Harvard University Press, 1994.

_____, "To Edo and Back: Alternate Attendance and Japanese Culture in the Early Modern Period," *Journal of Japanese Studies* 23-1, 1997.

Wakeman, Frederic, *The great enterprise: the Manchu reconstruction of imperial order in seventeenth-century China*, Berkeley: University of California Press, 1985.

_____, "Romantics, Stoics and Martyrs in Seventeenth-Century China," *Journal of Asian Studies* XLIII, 1984.8.

Widmer, Ellen, "The Huanduzhai of Haungzhou and Suzhou: A study in 17th-century Publishing," *Harvard Journal of Asiatic Studies,* Vol.56-1, 1996.

Wu, K. T., "Ming Printing and Printers," *Harvard Journal of Asiatic Studies* 7, 1943-3.

_____, "Chinese Printing under Four Alien Dynasties(916~1368)," *Harvard Journal of Asiatic Studies*, 13-3 · 4, 1950.12.

Wu, Silas H. L., *Communication and Imperial Control in China; Evolution of the Palace Memorial System, 1693-1735*, Cambridge, Mass.: Harvard University Press, 1970.

Zeitlin, and Lydia H. Liu, ed., *Writing and Materiality in China: Essays in Honor of Patrick Hanan*, Cambridge Mass.: Harvard University Asia Center, 2003.

◈ 색 인 ◈

| ㄴ |

|ㄷ|

◈ 지은이 소개 ◈

:: 부길만

한국외국어대학교 독어과와 중앙대학교 신문방송대학원을 졸업하고, 한양대학교 대학원 신문방송학과에서 문학박사학위를 취득했다. 영국 셀리오크대학에서 수학했으며, 평화방송 문화센터, 서일대 출판과, 경희대 신문방송 대학원, 동국대 언론정보대학원, 한양대 언론정보대학원 등의 강사를 역임했다.
현재 동원대 광고편집과 교수로 있다.

저서 │『조선시대 방각본 출판 연구』(2004년도 학술원 선정 우수학술도서)
　　　『책의 역사』(2009년도 문화체육관광부 선정 우수학술도서)
　　　『한국 출판의 흐름과 과제』
　　　『한국출판문화변천사』(공저)
　　　『취재기자가 되려면』(공저)

:: 황지영

숙명여자대학교 한국사학과를 졸업하고 연세대학교 사학과에서 중국사 전공으로 문학석사와 문학박사학위를 취득하였다. 중국인민대학교 청사연구소의 연구원 과정을 이수하였고 연세대, 숙명여대, 경원대 등의 강사를 역임하였다. 현재는 숙명여자대학교에서 재직 중이다.

논문 │「명말청초 모범답안의 학문적 정치적 활용에 대한 연구」
　　　「명대 수험서의 상업적 발달과정과 '지식'의 확산」

동아시아 출판문화사 연구 I

17세기 한·중·일 출판문화 비교

인　쇄: 2009년 12월 26일
발　행: 2009년 12월 31일

지은이: 부길만·황지영
발행인: 부성옥
발행처: 도서출판 오름
등록번호: 제2-1548호 (1993. 5. 11)

서울특별시 서초구 서초동 1420-6
전　화: (02) 585-9122, 9123 / 팩　스: (02) 584-7952
E-mail: oruem@oruem.co.kr
URL: http://www.oruem.co.kr

ISBN 978-89-7778-331-7　　93300　　　　　　　　정가 17,000원

＊잘못된 책은 교환해 드립니다.